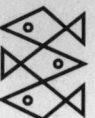

Das Nibelungenlied ist die bekannteste deutsche Dichtung des Mittelalters. Der vorliegende Band skizziert die sagengeschichtlichen Grundlagen und beschreibt die Umstände der Entstehung des Werks und die Eigenart seiner Überlieferung, die es nicht erlaubt, den genauen Wortlaut des Urtextes zu ermitteln. Er erläutert die Probleme, die der Dichter mit dem Stoff hatte, und die Kunstmittel, mit denen er ihn gestaltete, zeigt die Fallen auf, in die die Interpreten bis auf den heutigen Tag zu tappen pflegen. Daneben beleuchtet Heinzle die verhängnisvolle Geschichte der nationalistischen Nibelungenideologie des 19. und 20. Jahrhunderts.

Joachim Heinzle, geboren 1945, ist Professor an der Universität Marburg und lehrt am Institut für deutsche Philologie des Mittelalters. Er hat zahlreiche Beiträge zur mittelalterlichen Dichtung veröffentlicht, insbesondere auch zu Wolfram von Eschenbach.

Im Fischer Taschenbuch Verlag liegt eine zweibändige Ausgabe des Nibelungenliedes vor (Bd. 6038 und Bd. 6039).

Joachim Heinzle

Das Nibelungenlied

Eine Einführung

Fischer Taschenbuch Verlag

Überarbeitete Neuausgabe
Veröffentlicht im Fischer Taschenbuch Verlag GmbH,
Frankfurt am Main, Februar 1994

© 1994 Fischer Taschenbuch Verlag GmbH, Frankfurt am Main
© 1987 Artemis Verlag München und Zürich, Verlagsort München
Alle Rechte vorbehalten
Fischer Taschenbuch Verlag GmbH, Frankfurt am Main
Umschlaggestaltung: Buchholz/Hinsch/Hensinger
Gesamtherstellung: Clausen & Bosse, Leck
Printed in Germany
ISBN 3-596-11843-3

Gedruckt auf chlor- und säurefreiem Papier

INHALT

Abkürzungsverzeichnis

AGSN   »Waz sider da geschach«. American-German Studies on the Nibelungenlied. Text and Reception. With Bibliography 1980–1990/91, hg. von Werner Wunderlich und Ulrich Müller (Göppinger Arbeiten zur Germanistik. 564), Göppingen 1992

Atti   Colloquio Italo-Germanico sul Tema: I Nibelunghi (Accademia Nazionale dei Lincei. Atti dei Convegni Lincei. 1), Rom 1974

AVL   Nibelungenlied (Ausstellungskatalog des Vorarlberger Landesmuseums. 86), Bregenz 1979

GDH   Zur germanisch-deutschen Heldensage, hg. von Karl Hauck (Wege der Forschung. 14), Darmstadt 1961, Neudruck 1965

HSt   Hohenemser Studien zum Nibelungenlied = Montfort. Vierteljahresschrift für Geschichte und Gegenwart Vorarlbergs 32/3.4, 1980

NuK   Nibelungenlied und Kudrun, hg. von Heinz Rupp (Wege der Forschung. 54), Darmstadt 1976

PBB   Beiträge zur Geschichte der deutschen Sprache und Literatur (Pauls und Braunes Beiträge)

PNg   Nibelungenlied und Klage. Sage und Geschichte, Struktur und Gattung. Passauer Nibelungengespräche 1985, hg. von Fritz Peter Knapp, Heidelberg 1987

ZfdA   Zeitschrift für deutsches Altertum und deutsche Literatur

ZfdPh   Zeitschrift für deutsche Philologie

VORWORT

Die erste Auflage dieses Bändchens war rasch vergriffen. Wie es scheint, hat es sein Ziel erreicht: neben dem akademischen Unterricht vor allem auch dem Interesse einer breiteren Öffentlichkeit zu dienen, indem es, für jedermann verständlich, die elementaren Voraussetzungen für Kenntnis und Beurteilung des seltsamen Werks zu vermitteln suchte. Dieses Interesse ist ungebrochen, und so freue ich mich, das Bändchen in neuem Gewand wieder vorlegen zu können, nachdem die Reihe, in der es zuerst erschienen ist, ihr Erscheinen eingestellt hat. Für die Neuausgabe habe ich den Text durchgesehen, Fehler korrigiert, einige Formulierungen präzisiert und vor allem die neuere Forschung eingearbeitet. Ich hoffe, daß man sie so nützlich finden wird wie ihre Vorgängerin – und daß es ihr gelingen möge, die lebhafte Diskussion über die Grundlagen unseres Textverständnisses, die diese provoziert hat, lebendig zu halten.

Für Hilfe bei den Korrekturen danke ich sehr herzlich Klaus Klein.

Gewidmet ist das Bändchen wiederum meinem Vater August Heinzle.

Marburg, im November 1992   J. H.

I

NIBELUNGENLIED
UND NIBELUNGENSAGE

Spätestens als die Fernsehkameras am späten Sonntagabend die Wunde des deutschen Kämpfers in Großaufnahme zeigten, wurde deutlich: da spielte nicht etwa Boris Becker im Masters-Turnier um die hunderttausend Dollar eines Süßwaren-Herstellers, nein, da hechtete ein Held der germanischen Mythologie über den Blumenkübel – ebenjener Recke mit dem verletzlichen Quadratzentimeter Haut im hart gewordenen Drachenblut.« Das Zitat stammt aus einer Glosse im Feuilleton der Frankfurter Allgemeinen Zeitung (Ausgabe vom 22. Januar 1986, S. 23). Indem der Verfasser den Namen des Helden, an den er erinnert, preziös verschweigt, kokettiert er mit seiner Bildung und schmeichelt zugleich dem Bildungsstolz des Lesers: zu wissen, daß Siegfried gemeint ist, mag diesen auf das angenehmste in der Überzeugung bestätigen, daß er mit den Kulturgütern der Nation vertraut ist. Nur eine Minderheit der Leser wird indes in der Lage sein, zutreffend anzugeben, welche Überlieferung hinter der Vorstellung von Siegfried als einem »Helden der germanischen Mythologie« steht. Auf Nachfrage würden die meisten wohl das ›Nibelungenlied‹ nennen – und wären verblüfft, wenn man ihnen sagte, daß sie damit fehlgreifen, daß das ›Nibelungenlied‹ weder germanische Helden kennt noch etwas mit germanischer Mythologie zu tun hat. Nicht aus dem ›Nibelungenlied‹ stammt jene Vorstellung, sondern letztlich aus nordischen (skandinavischen) Nibelungendichtungen des Mittelalters. Sie haben Richard Wagner als Quellen für seinen Opernzyklus ›Der Ring des Nibelungen‹ gedient und so das populäre Bild von den Nibelungen geprägt. Das ›Nibelungenlied‹ spielte für Wagner nur als Nebenquelle eine im ganzen recht bescheidene Rolle. Wenn gleichwohl mit den Götter- und Heldengeschichten, die der ›Ring‹ präsentiert, gemeinhin das ›Nibelungenlied‹ assoziiert wird, dann ist das bezeichnend für die neuere Rezeptionsgeschichte des Werks. Dem Namen nach bis heute jedem Kind bekannt, ist diese große Dichtung förmlich verschüttet worden von modernen Bearbeitungen des Stoffes, für die sie doch, direkt oder indirekt, der Anlaß war: von Wagners ›Ring‹ und Friedrich Hebbels Drama ›Die Nibelungen‹ über Fritz Langs legendären Stummfilm bis zu den »Fantasy«-Verschnitten unserer Tage – ein Werk, das alle zu kennen meinen und das doch, außer den Fachleuten, kaum einer kennt. Versuchen wir, es in den Blick zu bekommen.

Inhalt des Liedes

Wie das Lied sie erzählt, nimmt die Geschichte in den großen Linien folgenden Verlauf:

Am burgundischen Hof zu Worms herrschen drei Brüder: die Könige Gunther, Gernot und Giselher. Ihre Schwester Kriemhild ist die schönste Frau weit und breit. Auch Siegfried hört von ihr, der Sohn des Königs von Niederland, und er beschließt, um sie zu werben. Mit wenigen Begleitern zieht er nach Worms. Seine Ankunft dort erregt Aufsehen. Gunther wundert sich, wer der fremde Held sein mag, doch Hagen von Tronje, ein Verwandter und Vasall der Könige und ihr wichtigster Ratgeber, erkennt ihn und berichtet den Herren von seinen Taten: im Kampf gegen Hunderte von Gegnern, darunter zwölf Riesen und der starke Zwerg Alberich, gewann er den unermeßlichen Hort des Königs Nibelung, dazu dessen Schwert Balmung und die berühmte Tarnkappe, einen Mantel, der seinen Träger unsichtbar macht und ihm die zusätzliche Kraft von zwölf Männern verleiht; weiter hat er einen Drachen erschlagen und beim Bad in dessen Blut eine unverletzliche Haut aus Horn bekommen. Ein ganzes Jahr lebt Siegfried als Gast der Könige am Wormser Hof, ohne Kriemhild zu sehen und ohne die Werbung vorzubringen. Da trifft eine Kriegserklärung der Könige Liudeger von Sachsen und Liudegast von Dänemark ein. Siegfried verhilft den Burgunden zum Sieg in der Schlacht, und beim großen Siegesfest kommt es endlich zur ersten Begegnung zwischen ihm und Kriemhild, die dem Helden schon lange zugetan ist. Auf Giselhers Bitte bleibt Siegfried am Wormser Hof und darf Kriemhild nun täglich sehen.

Gunther, der noch unverheiratet ist, beschließt, um Brünhild, die Königin von Island, zu werben. Die Jungfrau besitzt übermenschliche Kräfte; wer sie zur Frau gewinnen will, muß sich ihr zu einem Wettkampf auf Leben und Tod stellen: er muß den Speer und den Stein weiter werfen, und er muß weiter springen als sie, andernfalls hat er sein Leben verwirkt. Siegfried ist bereit, Gunther bei der Werbung zu helfen, nachdem man ihm seinerseits Kriemhild versprochen hat. Prächtig ausgestattet, fahren Gunther, Siegfried, Hagen und dessen Bruder Dankwart den Rhein hinunter und über See nach Island. Bei der Ankunft vereinbaren sie auf Siegfrieds Rat eine List: Siegfried wird sich als Vasall Gunthers ausgeben, und er demonstriert sogleich diese Rolle, indem er Gunthers Steigbügel hält, als dieser auf sein Pferd steigt. Gleichwohl hält Brünhild Siegfried für den Werber und begrüßt ihn zuerst. Er verweist sie an Gunther als seinen angeblichen Herrn, und sie tritt gegen diesen zu den Kampfspielen an. Mit Siegfrieds Hilfe kann er sie besiegen: er führt zum Schein nur die Gebärden aus, während Siegfried, unter der Tarnkappe verborgen, die Taten vollbringt. Brünhild ergibt sich und sendet nach ihren Verwandten und Gefolgsleuten. Die strömen in so großer Zahl herbei, daß die Burgunden Verrat fürchten. Um Unterstützung zu holen, fährt Siegfried mit dem Schiff ins Nibelungenland, wo der Zwerg Alberich für ihn den Hort hütet. Nachdem er einen Riesen, der das Tor der Burg bewacht, und Alberich in Scheinkämpfen besiegt hat, zieht er tausend Nibelungenhelden zusammen und kehrt mit ihnen nach Island zurück. Dort wird sogleich zur Heimreise gerüstet, und mit großem Gefolge – den Nibelungen und Brünhilds Leuten – treten die Burgunden mit Brünhild die Fahrt an. Siegfried eilt als Bote nach Worms voraus und berichtet vom Erfolg des Unternehmens. Man trifft weitläufige Vorbereitungen für die Ankunft der neuen Königin, die mit großem Prunk empfangen wird. Beim abendlichen Festmahl erfüllt Gunther sein Versprechen und vermählt Kriemhild mit Siegfried. Brünhild bricht in Tränen darüber aus, daß ihre Schwägerin an einen – wie sie glauben muß – nicht ebenbürtigen Mann gegeben wird. Bisher hatte Gunther Brünhild noch nicht berührt. Als er in der folgenden Nacht die Ehe vollziehen will, verweigert sie sich ihm, der ihr an Kraft weit unterlegen ist, fesselt ihn mit einem Gürtel und hängt ihn an einem Nagel an die Wand. Nach qualvoll verbrachter Nacht klagt er Siegfried sein Leid. Der verspricht, ihm abermals zu helfen, schleicht sich am nächsten Abend unter der Tarnkappe in Gunthers und Brünhilds Schlafgemach und ringt diese, die glaubte, es mit Gunther zu tun zu haben, in hartem Kampf nieder, so daß Gunther endlich die Ehe vollziehen kann. Fortan ist sie nicht stärker als jede andere Frau. Siegfried zieht sich zurück, nachdem er ihr zuvor Ring und Gürtel genommen hat, die er später Kriemhild schenkt. Vierzehn Tage währen die Hochzeitsfeierlichkeiten. Dann begeben sich die Gäste nach Hause, und auch Siegfried zieht mit Kriemhild in seine Heimat nach Xanten am Niederrhein, wo ihm sein Vater Sigmund die Königsgewalt überträgt. Kriemhild und Brünhild bringen beide einen Sohn zur Welt; Kriemhilds Sohn wird Gunther, Brünhilds Sohn Siegfried genannt.

Daß Siegfried, der vermeintliche Vasall oder gar, wie sie sich das Verhältnis zurechtlegt, Leibeigene Gunthers dem Wormser Hof Jahr um Jahr keine Dienste leistet, erfüllt Brünhild mit wachsendem Mißtrauen, und sie veranlaßt Gunther, Siegfried und Kriemhild zu einem Fest einzuladen. Die Einladung wird angenommen. Mit Siegfried und Kriemhild zieht auch Sigmund nach Worms.

Auf dem Höhepunkt des Festes kommt es zwischen den Königinnen zum Streit über die Rechtsstellung und den Rang Siegfrieds. In einem leidenschaftlichen Rededuell besteht Brünhild auf der Unterordnung Siegfrieds unter Gunther, während Kriemhild ihn für ebenbürtig, ja für überlegen erklärt. Dem Zank unter vier Augen folgt die Konfrontation in der Öffentlichkeit. Als die Frauen beim Kirchgang mit ihrem Gefolge vor dem Münster zusammentreffen, wird Kriemhild von Brünhild barsch aufgefordert, ihr den Vortritt zu lassen: »niemals soll vor der Frau des Königs eine Leibeigene gehen« (838, 4). Kriemhild aber übertrumpft sie, indem sie ihr vorhält, nicht Gunther, sondern Siegfried habe als erster mit ihr geschlafen: »wie hätte jemals die Beischläferin des Vasallen die Frau des Königs werden können?« (839, 4). Brünhild bricht in Tränen aus, und erhobenen Hauptes schreitet Kriemhild mit ihren Frauen an ihr vorbei ins Münster. Nach der Messe wird sie, wiederum vor dem Münster, von Brünhild gestellt: sie soll beweisen, was sie gesagt hat. Da zeigt Kriemhild triumphierend den Ring und den Gürtel vor, die Siegfried Brünhild einst abgenommen hatte. Gunther läßt Siegfried rufen. Der ist bereit zu schwören, er habe sich niemals gerühmt, Brünhilds erster Mann gewesen zu sein. Doch Gunther erläßt ihm, als er schon die Hand hebt, den Eid. Damit scheint die Sache erledigt, doch Hagen ist entschlossen, Brünhilds Schande mit Siegfrieds Tod zu rächen.

Es gelingt Hagen, den widerstrebenden Gunther für seinen Mordplan zu gewinnen. Er läßt eine neuerliche Kriegserklärung Liudegers und Liudegasts fingieren, und Siegfried erklärt sich, erwartungsgemäß, bereit, den Burgunden auch dieses Mal beizustehen. In Sorge um sein Leben bittet Kriemhild Hagen, ihren Mann zu beschützen, und sie verrät ihm, daß dieser nicht am ganzen Leib unverwundbar ist: als er im Blut des Drachen badete, fiel ein Lindenblatt zwischen seine Schulterblätter, und so wurde die Haut an dieser Stelle nicht gehärtet. Auf sie muß der Beschützer sein Augenmerk richten, und damit er genau weiß, wo sie sich befindet, bezeichnet Kriemhild sie mit einem aufgestickten Kreuzchen an Siegfrieds Gewand. Beim Ausritt des Heeres vergewissert sich Hagen, daß das Zeichen angebracht ist. Dann läßt er erneut falsche Boten auftreten, die die Zurücknahme der Kriegserklärung melden. Anstelle des Feldzugs setzt Gunther nun eine große Jagd in den Vogesen an. Von unheilverkündenden Träumen heimgesucht, beschwört Kriemhild Siegfried, an dieser Jagd nicht teilzunehmen. Er schlägt die Warnungen in den Wind und verrichtet als Jäger wahre Wundertaten. Beim Abschlußbankett im Wald vermißt er den Wein. Hagen gibt vor, diesen versehentlich in den Spessart gesandt zu haben, verweist die Gesellschaft auf eine Quelle in der Nähe und schlägt einen Wettlauf dorthin vor. Siegfried erreicht als erster das Ziel, wartet aber höflich, bis der König gekommen ist und getrunken hat. Dann beugt er sich über das Wasser, und da schießt ihm Hagen an der bezeichneten Stelle den Speer durch den Rücken. Sterbend befiehlt Siegfried Kriemhild dem Schutz ihrer Brüder. Man beschließt, ihr zu sagen, er sei von Räubern erschlagen worden. Hagen läßt den Toten vor die Tür von Kriemhilds Gemach legen, wo er am Morgen von einem Kämmerer entdeckt wird. Kriemhild bezichtigt Hagen des Mordes. Die Beteiligten, an ihrer Spitze Gunther, streiten alles ab. Doch als Hagen an die Bahre tritt, bluten die Wunden des Toten von neuem und zeigen so den Mörder an. Nach den Begräbnisfeierlichkeiten zieht Sigmund mit seinen Leuten zurück nach Xanten; Kriemhild bleibt in Worms. Dreieinhalb Jahre trauert sie, ohne mit Gunther ein Wort zu sprechen und ohne Hagen zu sehen. Der wünscht, daß der Nibelungenhort nach Burgund komme, und veranlaßt Gunther, Frieden mit Kriemhild zu suchen. Sie ist in der Tat bereit, sich mit Gunther (nicht aber mit Hagen) zu versöhnen, und sie läßt sich auch dazu bewegen, den Hort, ihre Morgengabe, aus dem Nibelungenland holen zu lassen. Sie benutzt ihn, um mit reichen Geschenken fremde Helden nach Worms zu ziehen und an sich zu binden. Hagen erkennt, daß daraus eine Gefahr für Siegfrieds Mörder erwachsen könnte. Mit Einwilligung oder Duldung ihrer Brüder nimmt er Kriemhild den Hort und versenkt ihn im Rhein.

Hier hält die Erzählung inne. Der erste Teil: die Geschichte von Siegfrieds Tod ist zu Ende. Mit neuem epischem Einsatz folgt, den Faden der Ereignisse dreizehn Jahre nach dem Mord wieder anspinnend, der zweite Teil: die Geschichte vom Untergang der Burgunden.

Damals war Frau Helche gestorben, die Gemahlin Etzels, des mächtigen Königs der Hunnen. Dem raten seine Vertrauten, eine neue Ehe einzugehen mit der vornehmsten aller Frauen: das ist Kriemhild, die Witwe Siegfrieds. Der Markgraf Rüdiger von Bechelaren wird als Brautwerber nach Worms gesandt. Gegen den Rat Hagens stimmen die Könige der Verbindung zu. Kriemhild lehnt zunächst ab, doch gelingt es Rüdiger, sie umzustimmen, indem er ihr schwört, alles zu rächen, was ihr angetan wurde. Die Aussicht besticht sie, mit den ungeheuren Machtmitteln einer Hunnenkönigin Rache für den Mord an Siegfried nehmen zu können, und so zieht sie mit Rüdiger ins Hunnenland. In Wien wird mit großem Prunk die Hochzeit gefeiert, und fortan herrscht Kriemhild gewaltig an der Seite ihres neuen Gemahls in der Residenz zu Etzelburg. Sie gebiert ihm einen Sohn, der Ortlieb genannt wird.

Sieben Jahre vergehen. Kriemhild glaubt, ihrer Stellung nun sicher zu sein, und bittet Etzel, ihre Wormser Verwandten einzuladen. Die Spielleute Wärbel und Swämmel überbringen die Einladung. Sie wird angenommen, wiederum gegen den Rat Hagens, der es gleichwohl ablehnt, in Worms zu bleiben, und dafür sorgt, daß die Burgunden – die nun (zuerst 1523) auch Nibelungen genannt werden – wenigstens schwer gewappnet und mit tausend erprobten Kriegern die Reise antreten. Bei der Suche nach einem Fährmann, der sie über die Donau setzen soll, begegnet Hagen zwei Meerweibern, die ihm Unheil voraussagen: »Keiner von euch kommt mit dem Leben davon, nur des Königs Kaplan, das wissen wir genau, der kehrt heil und gesund in Gunthers Land zurück« (1542, 2 ff.). Die Weiber weisen Hagen zum Fährmann, den er im Streit tötet. Im Boot des Erschlagenen bringt er eigenhändig die Burgunden über den Fluß und macht dabei eine Probe auf die Prophezeiung: er wirft den Kaplan ins Wasser, und der erreicht, obwohl er nicht schwimmen kann, das Ausgangsufer. Da weiß Hagen, daß die Weiber die Wahrheit gesagt haben, und er zerschlägt, als alle übergesetzt sind, das Boot. Vom Tod des Fährmanns benachrichtigt, jagen die bayerischen Grafen Else und Gelpfrat mit einem Heer den Burgunden nach. Im nächtlichen Gefecht werden sie von der Nachhut unter Hagens Führung geschlagen; Gelpfrat fällt von Dankwarts Hand. An der Grenze zu Rüdigers Herrschaftsgebiet treffen die Burgunden auf einen schlafenden Ritter: es ist der burgundische Markgraf Eckewart, der Kriemhild zuerst nach Niederland und dann zu Etzel gefolgt war. Hagen nimmt dem Schlafenden das Schwert ab, gibt es ihm aber, als er erwacht ist, zurück. Dankbar warnt ihn der Markgraf vor Kriemhilds Haß und reitet dann zu Rüdiger, um die Ankunft der Burgunden zu melden. Rüdiger und seine Gemahlin Gotelind nehmen sie gastlich in Bechelaren auf; Rüdigers Tochter wird mit Giselher verlobt. Beim Abschied erhalten sie reiche Geschenke; Hagen erbittet sich von Gotelind einen Schild, den einst ihr Verwandter Nuodung geführt hat. Rüdiger geleitet sie zu Etzels Residenz, wo Kriemhild, finstere Gedanken wälzend, von einem Fenster aus ihre Ankunft beobachtet. Dietrich von Bern, der gewaltigste aller Helden, der im Exil am Hunnenhof lebt, begrüßt und warnt die Burgunden. Kriemhild tritt ihnen entgegen, grüßt provokativ als einzigen den jüngsten Bruder Giselher, den keine Schuld an Siegfrieds Tod trifft, und verwickelt Hagen in ein böses Streitgespräch. Noch ehe die Burgunden von Etzel begrüßt werden, kommt es zu einem weiteren Zusammenstoß. Hagen und sein vertrauter Waffengefährte Volker, der für sein Geigenspiel und seinen Gesang berühmt ist und daher »der Spielmann« genannt wird, lassen sich auf einer Bank gegenüber Kriemhilds Gemächern nieder. Im vollen Königinnenornat, die Krone auf dem

Haupt, tritt sie mit einer Schar Bewaffneter auf sie zu, die Hagen töten sollen. Hagen veranlaßt Volker, mit ihm der Königin den schuldigen Gruß zu verweigern und nicht vor ihr aufzustehen. Herausfordernd legt er das Schwert Siegfrieds über die Knie und bekennt sich offen als dessen Mörder. Kriemhild fordert die hunnischen Krieger auf, den Mord zu rächen, doch die ziehen sich feige zurück. Dann werden die Burgunden durch Etzel selbst mit großem Zeremoniell empfangen. In der Nacht versuchen Kriemhilds Leute, die schlafenden Burgunden zu überfallen, schrecken aber erneut vor Hagen und Volker zurück, die Wache halten.

Am folgenden Tag gelingt es Kriemhild, Etzels Bruder Bloedelin für ihren Racheplan zu gewinnen. Mit tausend Mann überfällt er die burgundischen Knappen, die unter der Aufsicht Dankwarts beim Essen sitzen. Dankwart tötet Bloedelin, kann aber nicht verhindern, daß die Knappen, die sich erbittert wehren, niedergemetzelt werden. Er kämpft sich zu der Halle durch, in der das große Festmahl stattfindet, und meldet den Überfall. Zornig schlägt Hagen Etzels Söhnchen Ortlieb den Kopf ab. Die Burgunden greifen zu den Waffen und richten ein Blutbad unter den Hunnen an. Dietrich von Bern erlangt freien Abzug für sich und seine Leute und führt Kriemhild und Etzel aus der Halle; auch Rüdiger darf sie verlassen. Die zurückgebliebenen Hunnen werden umgebracht und aus der Halle geworfen, in der sich die Burgunden verschanzen. Kriemhild bietet Berge von Gold, Länder und Städte für Hagens Kopf. Iring von Dänemark wagt den Kampf und fällt von Hagens Hand; auch seine Gefährten, die ihn rächen wollen, werden von den Burgunden getötet. Scharen von Hunnen bestürmen vergeblich die Halle. Schließlich läßt Kriemhild Feuer legen, und das Dach der Halle geht in Flammen auf. In Hitze und Qualm leiden die Burgunden unsägliche Qualen. Mit dem Blut der Toten löschen sie den unerträglichen Durst, und so können sie die Nacht überstehen und weitere Angriffe abwehren. Etzel und Kriemhild flehen Rüdiger an, für sie in den Kampf zu gehen. Beiden Seiten verpflichtet, sieht sich Rüdiger vor einer fürchterlichen Entscheidung, muß aber die Bindung an Etzel und Kriemhild als maßgeblich anerkennen. Mit seinen Leuten begibt er sich vor die Halle und sagt den bestürzten Burgunden den Kampf an. Hagen bittet ihn, ihm seinen Schild zu geben als Ersatz für Nuodungs Schild, der in den Kämpfen zerhauen wurde. Rüdiger reicht ihm den Schild, und im Gegenzug halten sich Hagen und Volker vom Kampf mit ihm fern. Rüdiger und Gernot töten sich gegenseitig; Rüdigers Leute fallen. Die Gesellen Dietrichs von Bern greifen ein und finden, einer nach dem anderen, ebenfalls den Tod bis auf Hildebrand, Dietrichs alten Waffenmeister. Auch die Burgunden sind nun am Ende: nur Gunther und Hagen leben noch. Dietrich überwältigt sie und liefert sie gefesselt Kriemhild aus. Sie verlangt von Hagen den Hort. Er erklärt ihr, er habe geschworen, dessen Versteck nicht preiszugeben, solange einer seiner Herren lebe. Darauf läßt sie, ohne zu zögern, ihren Bruder Gunther enthaupten, trägt den abgeschlagenen Kopf an den Haaren zu Hagen – und verhilft diesem damit zu seinem letzten Triumph: »Das Versteck des Schatzes kennt jetzt keiner außer Gott und mir«, hält er ihr entgegen, »dir wird es, Teufelin, für alle Zeit verborgen sein« (2371, 3 f.). Noch trägt der Gefesselte Siegfrieds Schwert am Gürtel. Kriemhild reißt es aus der Scheide und schlägt ihm den Kopf ab. Da stürzt sich, voll Zorn über den schmählichen Tod des großen Helden, der alte Hildebrand auf sie und haut die Schreiende mit dem Schwert in Stücke. In Wehklagen der Überlebenden endet die Geschichte.

Historische Wurzeln und historische Verbindlichkeit der Sage

Der Dichter des ›Nibelungenliedes‹ hat diese wilde Geschichte an der Wende vom 12. zum 13. Jahrhundert zu Pergament gebracht. Er hat sie gestaltet, mit dem Talent und mit der poetischen Technik, die ihm zur Verfügung standen, aber er hat sie nicht erfunden, jedenfalls nicht in dem Sinne, in dem ein moderner Autor die Handlung eines Romans zu erfinden pflegt. Vielmehr hat er einen Erzählstoff bearbeitet, der damals schon mehrere Jahrhunderte alt war. Er stellte sich damit in eine unabsehbare Reihe von Dichtern, die diesen Stoff ebenfalls bearbeitet haben: vor, neben und nach ihm. Doch hat der Stoff wohl nicht nur in dichterisch geformter Gestalt gelebt. Wir haben Grund zu der Annahme, daß er auch als schlichtes »Faktenwissen« weitergegeben wurde. Die gesamte Überlieferung: die dichterische und die nicht-dichterische wollen wir im folgenden Sage nennen. Und so können wir zunächst festhalten, daß hinter dem ›Nibelungenlied‹ Nibelungensage steht und daß es selbst einen Teil dieser Sage bildet.

Jede Überlieferung hat einen Ursprung. Wann und wo, so dürfen wir also fragen, ist die Überlieferung von den Nibelungen, ist die Nibelungensage entstanden?

Sicher ist zunächst, daß die Entwicklung der Nibelungensage – wie die fast aller Heldensagen des germanischen Kulturkreises, zu denen sie zählt – von historischen Ereignissen der Völkerwanderungszeit ausgegangen ist. Das ist nicht so zu verstehen, als handle es sich bei dem, was da erzählt wird, um eine mehr oder weniger getreue Wiedergabe tatsächlichen Geschehens. Wo wir im Bereich der germanisch-deutschen Überlieferung einen Zusammenhang zwischen Historie und Heldensage nachweisen können, beschränkt er sich gewöhnlich auf einige Namen und bestenfalls auf die Grundzüge von Ereigniskonstellationen.

So auch im Falle der Nibelungensage. Außer Zweifel steht, daß in der Erzählung vom Untergang der Burgunden am Hunnenhof die Erinnerung an eine katastrophale Niederlage des ostgermanischen Volksstammes der Burgunden nachlebt. Diese hatten, von Nordosten kommend, zu Beginn des fünften Jahrhunderts den Rhein überschritten und sich auf beiden Seiten des Flusses einen Herrschaftsbereich gesichert, dessen Zentrum in der Tat Worms gewesen sein könnte. Als sie von dort aus unter ihrem König Gundaharius gegen das römische Gallien vordrangen, wurden sie um das Jahr 436 von dem römischen Feldherrn Aëtius und von hunnischen Truppen, die wohl in dessen Dienst standen, vernichtend geschlagen. Die Überlebenden – mit dem König soll der größte Teil des Volkes den Tod gefunden haben – siedelte Aëtius in der Gegend des Genfer Sees (zwischen diesem und dem Neuenburger See und südlich davon an der oberen Rhone und Saône) an. Das neue Burgundenreich hat sich rasch konsolidiert. Im letzten Jahrzehnt des fünften Jahrhunderts ließ König Gundobad die Rechtsordnung des Volkes kodifizieren. Diese ›Lex Gundobada‹ ist, um spätere Zusätze vermehrt, als ›Lex Burgundionum‹ erhalten. Das Gesetzeswerk ist für uns von größter Bedeutung, weil dort im Zusammenhang mit Bestimmungen über Freiheit und Unfreiheit vier alte burgundische Könige erwähnt werden, die wir auch aus der Nibelungensage kennen: *Gibica, Gundomaris, Gislaharius, Gundaharius* (Gesetze der Burgunden, hg. von Franz Beyerle [Germanenrechte. Texte und Übersetzungen. 10], Weimar 1936, S. 12 ff.). Außer dem Namen *Gundaharius*, der selbstverständlich mit *Gunther* identisch ist, sind damit weitere Königsnamen der Sage als historisch gesichert: in *Gislaharius* erkennt man unschwer *Giselher*; *Gibica* entspricht *Gibeche*, dem Namen des Vaters der königlichen Brüder in der Überlieferung außerhalb des ›Nibelungenliedes‹ (das den Namen seltsamerweise einem Fürsten am Hunnenhof beilegt und den Vater *Dankrat* nennt); *Gundomaris* schließlich kennt die nordische Überlieferung in der Form *Gothorm* als Namen des Bruders, der im ›Nibelungenlied‹ *Gernot* heißt. Die vernichtende Niederlage des Burgundenstammes gegen hunnische Truppen; der Name (und in gewisser Weise die Rolle) des Königs Gundaharius/Gunther sowie die Namen weiterer Könige; dazu die Gestalten Etzels und Dietrichs von Bern (hinter denen sich der berüchtigte Hunnenkönig Attila und der Ostgotenkönig Theoderich der Große verbergen): das ist schon so gut wie alles, was wir an historischen Grundlagen der im ›Nibelungenlied‹ gestalteten Sage sicher ausmachen können (von einem weiteren historischen Ereignis, das vermutlich in die Sage eingegangen ist, im ›Nibelungenlied‹ aber ausgeblendet wurde, wird später die Rede sein).

Es ist nun keineswegs so, daß es an weiteren Anknüpfungspunkten fehlte. Im Gegenteil: vor allem für die Siegfriedsage, den ersten Teil des ›Nibelungenliedes‹ also, hat man eine solche Fülle verschiedener Anknüpfungsmöglichkeiten beigebracht, daß sich die Zeugnisse gegenseitig entwerten. Die Mehrzahl der Forscher denkt an Ereignisse der merowingischen Geschichte des 6. Jahrhunderts, in der es an Nachrichten über Verwandtenstreit und Verwandtenmord in den Herrscherfamilien nicht fehlt und in der sogar eine Königin mit Namen Brunichildis bezeugt ist. Die möglichen Parallelen sind jedoch so ungenau und widersprüchlich, daß auch ganz andere Herleitungen in Frage kommen. Von den konkurrierenden Ansätzen sei hier nur einer erwähnt, der ein grundsätzliches Problem der Beurteilung der Überlieferung aufwirft.

Das Stichwort heißt: Mythos. Darunter kann man alles mögliche verstehen und hat man alles mögliche verstanden bis hin zu völliger Begriffsverwirrung. Im Interesse rascher Verständigung wollen wir uns mit einer ganz simplen Bestimmung begnügen, die den Anspruch und die Problematik des Begriffs drastisch reduziert, für unsere Zwecke aber ausreichen mag: Mythos sei danach im weiteren Sinne eine archaische Form der Welterklärung, im engeren Sinne eine »Erzählung, welche in der Götterwelt spielt oder in welcher Götter vornehmlich als Handelnde auftreten« (Franz Rolf Schröder, GDH S. 285). Den wichtigsten Ansatzpunkt für die Herleitung der Siegfriedsage aus dem Mythos nun bietet der Kampf des Helden gegen den Drachen. Der Drachenkampf ist in der Tat ein Motiv, das sich in den Mythen vieler Völker nachweisen läßt, und zwar als Erklärung für die Entstehung der geordneten Welt: diese wird begriffen als Sieg des Gottes oder Gottgesandten über ein Chaos-Ungeheuer, das der Drache verkörpert. So hat man gemeint, hinter dem Drachentöter Siegfried, wie wir ihn vor allem aus nordischer Überlieferung kennen, verberge sich ein mythischer Heilsbringer dieser Art, dessen ursprüngliche Gestalt im Laufe der Überlieferung durch mythosfremde Züge überformt und verweltlicht worden sei. In dieser schlichten Form spielt die mythologische Herleitung der Siegfriedsage heute keine ernstzunehmende Rolle mehr. Die Forschung hat eingesehen, daß uns nichts zu der Vermutung berechtigt, »daß die deutsche Heldensage aus Erforschung göttlicher Dinge oder aus einer philosophischen Betrachtung über die Geheimnisse der Natur hervorgegangen sey und in einem sinnbildlichen Ausdrucke derselben ihren ersten Anlaß gefunden habe« (so bereits Wilhelm Grimm in seiner berühmten Abhandlung über ›Ursprung und Fortbildung der Heldensage‹ aus dem Jahre 1829 – s. W. G., Die deutsche Heldensage, Darmstadt, 4. Aufl., 1957, S. 448). Diskutiert wird gegenwärtig hingegen ein etwas komplizierteres Erklärungsmodell, das Otto Höfler in mehreren Arbeiten entwickelt hat. Demnach soll in Siegfried die Erinnerung an den Cheruskerfürsten Arminius fortleben, unter dessen Führung die Germanen im Jahre 9 n. Chr. dem römischen Heer unter P. Quintilius Varus in der berühmten Schlacht im Teutoburger Wald eine vernichtende Niederlage beibrachten; diesen Sieg habe man als Wiederholung der mythischen Bezwingung des Drachen begriffen und in der Sagenbildung als einem Akt der Sinndeutung eben diesem mythischen »Ur-Ereignis« angeglichen. Die Auseinandersetzung über Höflers These dauert noch an. Doch zeigt sich schon jetzt, daß sie durch und durch fragwürdig ist: von der Lokalisierung der Varus-Schlacht über die Gleichsetzung von Arminius und Siegfried bis zur Symbolisierung der Schlacht als Drachenkampf ist kein Glied der Argumentationskette gesichert, keine Verknüpfung zwingend. Alles in allem spricht wenig dafür, die Entstehung der Sage mit dem Mythos in Verbindung zu bringen. Die mythologischen Elemente, die sie aufweist – die Götterwelt der nordischen Dichtungen vor allem, die Richard Wagner wiederbeleben wollte –, müssen wohl anders erklärt werden. Was die Ursprungsfrage betrifft, so sehen wir uns an die Herleitung der Sage aus Ereignissen der Völkerwanderungszeit zurückverwiesen. Und wir müssen uns damit abfinden, daß diese Herleitung nur ganz punktuell möglich ist.

Woran aber liegt es, daß wir bei noch so eifrigem Studium der historischen Quellen nicht wesentlich weiterkommen? An der Spärlichkeit und Kargheit dieser Quellen? Oder daran, daß die Sage sich in ihrer Darstellung von dem, was wirklich geschehen ist, entfernt hat? Gewiß gibt es ein Quellenproblem, entscheidend ist jedoch das zweite Moment. Man kann sagen, daß es geradezu das Wesen der Sage ausmacht, daß sie die historischen Ereignisse, von denen sie ausgeht, umerzählt.

Dieses Umerzählen folgt ersichtlich bestimmten Tendenzen, die in der Forschung oft beschrieben wurden. Wir erfassen sie mit den Begriffen: Reduktion und Assimilation. Reduktion: »die politischen Vorstellungen und Ausmaße schränken sich ein auf die einfach menschlichen Bindungen von Sippe und Gefolgschaft« (Hermann Schneider/Wolfgang Mohr, GDH S. 8), die verwickelten und für den einzelnen schwer oder gar nicht durchschaubaren Zusammenhänge werden zurückgeführt auf elementare »Phänomene wie Goldgier, Eifersucht, Mord und Rache, Stolz und Hybris« (Alois Wolf, AVL S. 49) – so erscheint im ›Nibelungenlied‹ die historische Vernichtung des rheinischen Burgundenreiches reduziert auf die persönliche Rache einer Frau an ihren Verwandten. Assimilation: der historische Ereigniszusammenhang wird an traditionelle Erzählmotive bzw. Erzählschemata angeglichen – im ›Nibelungenlied‹ wären das vor allem das Schema der Brautwerbung (Siegfried – Kriemhild, Gunther – Brünhild, Etzel – Kriemhild) und das Schema der verräterischen Einladung (Kriemhilds Einladung an ihre Verwandten, in gewisser Weise auch Brünhilds Einladung an Siegfried und Kriemhild).

So entfernt sich die Sage in der Regel schon mit ihrer Konstituierung beträchtlich vom historischen Ausgangspunkt, und im Zuge der Überlieferung wird der Abstand immer größer. Denn die Sage wird nicht unverändert durch die Jahrhunderte weitergegeben, sie wird wieder und wieder umgestaltet: alte Motive werden aufgegeben, neue aufgenommen (so sind wohl jene mythologischen Motive in den nordischen Versionen zu erklären: nicht als urtümliche Relikte, sondern als späte Zusätze); die Fabeln werden umarrangiert und neu kombiniert (wobei die Neigung zu beobachten ist, ursprünglich selbständige Sagen derart zu verbinden, daß das Bild einer umfassenden heroischen Welt entsteht, in der alle Personen und Ereignisse irgendwie zusammenhängen, und zwar ohne Rücksicht auf die historische Chronologie: so tritt im ›Nibelungenlied‹ Dietrich von Bern zusammen mit Gunther und Etzel auf, obwohl der historische Gundaharius und der historische Attila längst tot waren, als der historische Theoderich regierte); immer von neuem konnte sich die Sage auch der historischen Wirklichkeit öffnen und aus ihr Ereignisse und Gestalten in sich aufnehmen (so erscheint etwa im ›Nibelungenlied‹ der historische Bischof Pilgrim von Passau aus dem 10. Jahrhundert als Onkel Kriemhilds und der burgundischen Könige – er wird uns in anderem Zusammenhang noch ausführlich beschäftigen).

Wenn man will, kann man auch die modernen Bearbeitungen des Stoffes als Manifestationen dieses lebendigen Überlieferungsprozesses betrachten. Mit einer wichtigen Einschränkung freilich: man muß sich hüten, in den Dichtungen der Völkerwanderungszeit und des Mittelalters Kunstgebilde im Sinne der modernen Werke zu sehen. Die ältere Forschung hat das, unter dem Einfluß Andreas Heuslers, freilich getan. Für sie war die Umformulierung des historischen Geschehens in der Sage gleichbedeutend mit der Verwandlung von Geschichte in Kunst: die Fakten wären nur der Rohstoff gewesen, aus dem die Dichter, in freier Willkür nach rein künstlerischen Erwägungen verfahrend, die Sage in Gestalt von Heldenliedern geformt hätten. Wir haben gelernt, hier vorsichtiger zu urteilen und die uns geläufigen Vorstellungen historiographischer Faktentreue und künstlerischer Autonomie nicht ohne weiteres in Anschlag zu bringen. Läßt man sie beiseite, dann spricht – wie vor allem Walter Haug gezeigt hat – alles dafür, daß jene Umformulierung keineswegs als Enthistorisierung aufzufassen ist, daß wir es im Gegenteil mit dem Versuch zu tun haben, der Geschichte einen Sinn abzugewinnen, sie zu bewältigen, indem vertraute Motivationsmuster dazu verwendet werden, unbegreifliches historisches Geschehen begreifbar zu machen. Heldensage stellt sich so als eine besondere Art von Geschichtsüberlieferung dar. Sie bestand neben der gelehrten lateinischen Historiographie, war im Unterschied zu dieser primär mündlich und volkssprachig und wurde wesentlich getragen von einer Adelsgesellschaft, die bis ins hohe Mittelalter noch weitgehend analphabetisch gewesen ist. Als »Vorzeitkunde« (vgl. Otto Höfler, GDH S. 387) wollte sie geglaubt werden – und wurde sie geglaubt: noch in der frühen Neuzeit sahen sich gelehrte Historiker genötigt, sich ernsthaft mit ihr auseinanderzusetzen. Wir werden sehen, daß man das ›Nibelungenlied‹ nur verstehen kann, wenn man diesen Verbindlichkeitsanspruch der Sage in Rechnung stellt.

Zurück zur Ausgangsfrage dieses Abschnitts: wann und wo ist die Nibelungensage entstanden? Wir können sie nun wie folgt beantworten: wenn man vom Siegfried-Komplex absieht und die Geschichte vom Untergang der Burgunden als konstitutiv für die Sage betrachtet, dann wird sie nicht allzulange nach der Vernichtung des rheinischen Burgundenreichs entstanden sein, und zwar im Umkreis der Überlebenden, im neuen südlichen Burgundenreich oder bei den benachbarten Franken.

Die Entwicklung der Sage und die Vorgeschichte des Liedes

Fragen wir nach dem Weg der Sage bis zu ihrer Gestaltung im ›Nibelungenlied‹. Wie hat man sich die Tradierung vorzustellen? Welches Interesse stand hinter der Bewahrung der Überlieferung? Wie hat sie sich entwickelt?

Das Bild, das man sich gewöhnlich von der Tradierung der Sage macht, ist das einer Kette von Dichtungen, die von Generation zu Generation weitergegeben wurden, und zwar – wie bereits angedeutet – jahrhundertelang mündlich, ohne das Hilfsmittel der Schrift. Die Verschriftlichung der Sage gehört erst einer späten Entwicklungsphase an: die ältesten Handschriften des ›Nibelungenliedes‹, das rund siebenhundert Jahre nach der Entstehung der Nibelungensage verfaßt wurde, stellen zugleich die älteste erhaltene Überlieferung von Nibelungendichtung überhaupt dar! Was die Form betrifft, so denkt man sich diese mündlichen Dichtungen als mehr oder weniger knappe Lieder; das Großepos, wie es das ›Nibelungenlied‹ repräsentiert, gilt als späte, spezifisch schriftliche Entwicklungsform.

Für uns, die wir in einer durch und durch von der Schrift geprägten Zivilisation leben, hat die Vorstellung von einer mündlichen Dichtungstradition etwas Befremdliches. Doch reichen solche Traditionen bei verschiedenen Völkern bis in unsere Zeit. Wir können sie studieren und versuchen, die gewonnenen Einsichten für unsere historischen Zwecke fruchtbar zu machen. Folgenreich für die Erforschung der mittelalterlichen Heldensage sind die Beobachtungen geworden, die die amerikanischen Homer-Forscher Milman Parry und Albert B. Lord in den dreißiger Jahren auf dem Balkan machen konnten. Sie fanden heraus, daß die Kontinuität der Überlieferung keineswegs, wie wir vielleicht erwarten würden, dadurch gewährleistet wird, daß die Sänger die Lieder auswendig lernen. Diese werden vielmehr bei jedem Vortrag mit Hilfe eines Inventars von Formeln und formelhaften Wendungen sowie von schablonenhaften Handlungsschemata neu aufgebaut – mit der Folge, daß keine Vortragsfassung mit der anderen identisch ist, ja die einzelnen Fassungen zum Teil beträchtlich voneinander abweichen. In der ersten Begeisterung über die Ergebnisse Parrys und Lords haben sich vor allem amerikanische Gelehrte auf das ›Nibelungenlied‹ und auf andere mittelalterliche Heldenepen gestürzt, um durch Analyse der Formelsprache nachzuweisen, daß diese Werke eigentlich mündliche Dichtungen seien oder zumindest – so die Vorsichtigeren – in ihrer poetischen Technik wesentlich von der mündlichen Tradition abhingen. Nur wenige teilen heute noch den Optimismus dieser »oral poetry«-Forschung. Was geblieben ist – und das ist durchaus nicht gering zu schätzen –, ist eine empirisch gesicherte Vorstellung davon, wie die mündliche Tradierung der Sage sich abgespielt haben könnte. Wohlgemerkt: könnte, denn es ist auf keine Weise zu sichern, daß sich die germanischen Sänger der Völkerwanderungszeit und ihre Nachfolger im frühen Mittelalter derselben Technik bedient haben wie ihre neuzeitlichen Kollegen auf dem Balkan.

Welche Bedeutung neben der Tradierung der Sage in dichterisch geformter Gestalt die Tradierung als ungeformtes Sagenwissen gehabt hat, wird kontrovers beurteilt und soll uns hier nicht weiter beschäftigen. Wichtiger für uns ist die Frage, was die Sage auszeichnete, daß sie so erstaunlich lange bewahrt wurde. Wir wollen uns dabei auf die Erörterung eines Umstands beschränken, der gewiß nicht alles erklärt, aber doch eine wichtige, zeitweise vielleicht die entscheidende Rolle gespielt haben könnte.

Kehren wir noch einmal zurück in das Burgundenreich des Königs Gundobad. Wenn es dort eine »vorzeitkundliche« Sage vom heroischen Tod des Königs Gundaharius gegeben hat, dann mußte Gundobad ein Interesse daran gehabt haben, daß diese Sage bewahrt und verbreitet wurde. Denn die Erinnerung an den ruhmreichen Ahn war geeignet, die eigene Herrschaft zu legitimieren und zu verklären. Wie wichtig die Beziehung auf die Vorfahren für sein Königtum gewesen ist, kann man ja an der Nennung der alten Könige in der Gesetzessammlung sehen, von der die Rede war.

Solch genealogisches Interesse ist für adlige Herrschaft generell charakteristisch. Aus späterer Zeit ist dabei »mehrfach bezeugt, daß die Erinnerung an die Vorfahren von den Fürsten selber bewahrt und weitergegeben wurde. So erzählt die anonyme ›Geschichte der Herren von Amboise-Chaumont‹ (›Gesta Ambazien-sium dominorum‹), die nach der Mitte des 12. Jahrhunderts ent-standen ist und die zu den interessantesten Fürstenchroniken die-ser Zeit gehört, daß Hugo I. von Amboise († 1129/1130) nicht nur die Kriege und Taten der Vorfahren, wie sie in der Überlieferung seines Hauses lebendig waren, im Gedächtnis behalten habe, son-dern auch andere historische Ereignisse. Und über König Sven Estridson von Dänemark († 1076) berichtet sein Zeitgenosse Adam von Bremen, daß er ›die gesamte Überlieferung der Barba-ren kannte, als wäre sie schriftlich festgelegt‹; das war sicher zu-allererst die Überlieferung seines eigenen Geschlechts« (Joachim Bumke, Mäzene im Mittelalter, München 1979, S. 43).

So ist damit zu rechnen, daß auch die Heldensage zu einem gu-ten Teil als Familientradition oder »Hausüberlieferung« (Karl Hauck) herrschender Geschlechter überliefert worden ist. Der dichterischen Form, des Liedes, bedurfte es dazu gewiß nicht un-bedingt, doch mußte denen, die sich – zu Recht oder zu Unrecht – als Nachfahren der Sagenhelden ansahen, wohl daran gelegen sein, daß deren Taten zur höheren Ehre ihres »Hauses« besungen wurden, und sie werden die Dichter und die Sänger gefördert ha-ben. Sichere Belege für solches Mäzenatentum im Interesse der eigenen Dynastie besitzen wir aus dem hohen und späten Mittel-alter. Ein gut dokumentiertes Beispiel ist etwa die Sage von der nixengestaltigen Fee Melusine, die als Ahnfrau des gräflichen Hauses Lusignan in Poitou galt: im Auftrag von Angehörigen die-ses Hauses haben im 14./15. Jahrhundert Dichter diese Sage in Vers und Prosa dargestellt. Wie wir sehen werden, scheint auch die Abfassung des ›Nibelungenliedes‹ mit einem derartigen Inter-esse zusammenzuhängen.

Aus den frühen Jahrhunderten der mündlichen Tradierung kennen wir freilich keine direkten Zeugnisse für eine Pflege der Nibelungensage als »Hausüberlieferung«. Die Forschung hat sich daher bemüht, eine indirekte Beweisführung zu entwickeln. Per-sonengeschichtliche Untersuchungen an Urkunden des frühen

Mittelalters lassen vermuten, daß es in verschiedenen vornehmen Familien Tradition gewesen ist, Namen aus der Heldensage – und so auch aus der Nibelungensage – zu führen. Nach allem, was wir über »Hausüberlieferung« wissen, liegt der Gedanke nahe, daß dies nicht bloß »Mode« gewesen ist, sondern daß die betreffenden Familien die jeweilige Sage eben als »Hausüberlieferung« beansprucht haben. Es hat sich allerdings immer deutlicher gezeigt, daß die Forschung hier vor beträchtlichen methodischen und sachlichen Problemen steht, von denen heute nicht abzusehen ist, wie sie gelöst werden könnten. Was vorderhand bleibt, ist eine plausible Hypothese, deren Wert für die Erklärung der Verbreitung der Sage in Raum und Zeit wesentlich höher ist als der von vagen Vorstellungen über »Stoff-« oder »Liedwanderung«, mit denen die ältere Forschung operiert hat.

Soviel zu den Formen, in, und zu den Bedingungen, unter denen die Sage über die Jahrhunderte weitergegeben wurde. Fragen wir nun, wie sie sich entwickelt hat. Auf die Beantwortung dieser Frage hat die Forschung viel Mühe verwandt, ist bis heute aber nicht zu einem sicheren oder jedenfalls einhellig akzeptierten Ergebnis gekommen. Das klassische Erklärungsmodell hat Andreas Heusler entwickelt, im wohl berühmtesten und einflußreichsten Werk der Nibelungenforschung, einem schmalen Bändchen mit dem schlichten Titel ›Nibelungensage und Nibelungenlied‹, das zuerst 1920 erschienen ist. Dort findet man (6. Auflage [vgl. S. 114], S. 49) einen »Stammbaum des Nibelungenlieds«. Diesem zufolge hätten die beiden Sagenkomplexe, die den ersten und den zweiten Teil des ›Nibelungenliedes‹ bilden, die Sage von Siegfried und Brünhild (»Brünhildsage«) und die Sage vom Untergang der Burgunden (»Burgundensage«), jahrhundertelang nebeneinander gelebt und wären erst im ›Nibelungenlied‹ in einer Dichtung vereint worden; die Brünhildsage hätte sich über zwei Stufen (zwei Lieder), entwickelt, die Burgundensage über drei Stufen (zwei Lieder und ein Buchepos):

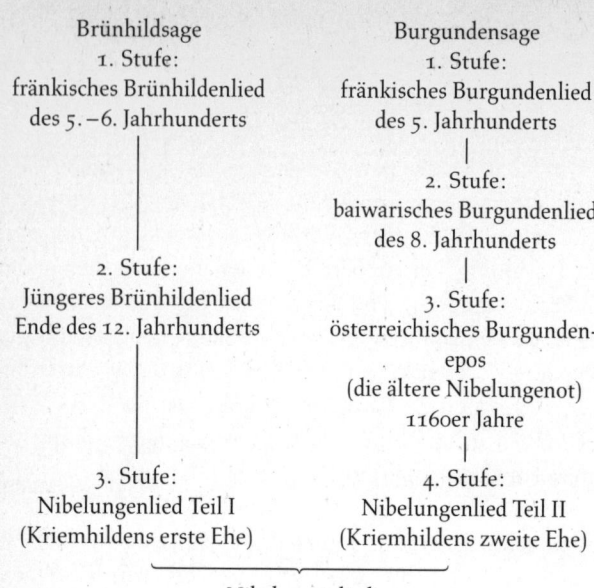

Brünhildsage
1. Stufe:
fränkisches Brünhildenlied
des 5.–6. Jahrhunderts

Burgundensage
1. Stufe:
fränkisches Burgundenlied
des 5. Jahrhunderts

2. Stufe:
baiwarisches Burgundenlied
des 8. Jahrhunderts

2. Stufe:
Jüngeres Brünhildenlied
Ende des 12. Jahrhunderts

3. Stufe:
österreichisches Burgundenepos
(die ältere Nibelungenot)
1160er Jahre

3. Stufe:
Nibelungenlied Teil I
(Kriemhildens erste Ehe)

4. Stufe:
Nibelungenlied Teil II
(Kriemhildens zweite Ehe)

Nibelungenlied
österreichisch, 1200–1205

Das Modell war niemals völlig unangefochten. Aber es hat doch, bis etwa in die 40er/50er Jahre, nahezu kanonischen Rang gehabt. Seither häuften sich die Bedenken, die Kritik ging ins Grundsätzliche, und heute gilt es weithin als abgestanden. An zweierlei vor allem nimmt man Anstoß: zum einen daran, daß der Stammbaum mit so wenigen Größen auskommt, daß sich die gesamte Sagenentwicklung vor dem ›Nibelungenlied‹ in noch nicht einmal einem halben Dutzend Dichtungen vollzogen haben soll; zum anderen daran, daß dies überhaupt nur in Dichtungen geschehen sein soll, individuellen, streng geformten, daher leidlich stabilen und mithin prinzipiell rekonstruierbaren Kunstgebilden. Man hat dem die Vorstellung von einer unübersehbaren Gestaltungsvielfalt entgegengehalten, einer Fülle von aufeinanderfolgenden, aber auch konkurrierend nebeneinander stehenden Liedern; dazu die Vorstellung eines Miteinander von geformter und ungeformter Sage und, nicht zuletzt unter dem Einfluß der »oral poetry«-Forschung, die Vorstellung einer erheblichen Inkonstanz auch der geformten Sage, des einzelnen Liedes. Rekonstruieren läßt sich da kaum noch etwas, und man wundert sich nicht, daß die Forschung unter diesen Umständen entweder die Frage nach den Vorstufen des ›Nibelungenliedes‹ mit einem Achselzucken auf sich beruhen läßt (das tun heute die meisten Germanisten) oder sich bemüht, gegen alle Widerstände den festen Boden der Heuslerschen Theorie wiederzugewinnen (dazu neigen die Nordisten).

So überholt das Heuslersche Modell indes auch sein mag, eines leistet es nach wie vor: es kann helfen, eine begründete Vorstellung davon zu gewinnen, wie die Vorgeschichte des ›Nibelungenliedes‹ verlaufen sein könnte. Ohne eine solche Vorstellung aber ist jeder verloren, der das Werk verstehen will. Wir greifen einige Hauptmomente aus der Rekonstruktion des rechten Stranges – der Burgundensage – heraus, die für uns im weiteren von Bedeutung sein werden.

Das älteste Burgundenlied – die erste Stufe der Sagenentwicklung – gewinnt Heusler durch Rückgriff auf ein Lied aus der berühmten ›Lieder-Edda‹, einer Sammlung von Helden- und Götterliedern und Spruchdichtung, die um die Mitte des 13. Jahrhunderts auf Island zusammengestellt wurde. Die verschiedenen Stücke der Sammlung sind von ganz unterschiedlichem Alter. Das Lied, um das es uns geht, die ›Atlakviða‹ oder das ›Alte Atlilied‹, soll gegen Ende des 9. Jahrhunderts entstanden sein. Es hat folgenden Inhalt: Atli (das ist Attila / Etzel) lädt seine Schwäger, die Brüder Gunnar (das ist Gunther) und Högni (das ist Hagen) in verräterischer Weise ein, um ihnen ihren Schatz zu nehmen; obwohl von ihrer Schwester (sie heißt hier Gudrun), Atlis Gemahlin, gewarnt, nehmen sie die Einladung an und werden von Atli gefangengesetzt; gefragt, ob er sein Leben durch die Herausgabe des Schatzes retten wolle, verlangt Gunnar, Högnis Herz zu sehen;

man schneidet es Högni aus der Brust und zeigt es Gunnar – der triumphiert: jetzt weiß nur noch er, wo der Schatz verborgen ist, und er wird ihn niemals preisgeben; Atli läßt ihn in den Schlangenhof werfen, wo er, die Harfe schlagend, heldenhaft stirbt; Gudrun aber rächt ihre Brüder fürchterlich: sie setzt Atli die gebratenen Herzen ihrer beiden Söhne vor, tötet den Trunkenen mit seinem Schwert in seinem Bett und steckt die Halle in Brand, in der sie mit Atlis Leuten den Tod findet. Das von Heusler rekonstruierte älteste Burgundenlied entspricht im wesentlichen der ›Atlakviða‹, vermehrt um ein paar Szenen und Motive aus anderen Nibelungendichtungen.

Daß dieses älteste Lied, wenn es überhaupt je existiert hat, rekonstruierbar sei, wird heute niemand mehr glauben. Wohl aber dürfte die ›Atlakviða‹ eine Aussage über die Grundgestalt der Sage in ihrer Anfangsphase erlauben. Sie wäre gekennzeichnet durch die Handlungskonstellation: daß die Schwester die Brüder an ihrem Mann rächt und nicht den Mann an den Brüdern wie im ›Nibelungenlied‹ (wobei offenbleiben muß, ob auf dieser Stufe schon die erste Ehe der Heldin mit dem ursprünglichen Besitzer des Schatzes, den die Brüder ermordeten, vorauszusetzen ist: die ›Atlakviða‹ sagt davon nichts, doch ist ein Bewußtsein von der Zusammengehörigkeit der beiden Sagenkomplexe in der nordischen Tradition sonst gut faßbar, so etwa im bruchstückhaft überlieferten ›Alten Sigurdlied‹ der ›Edda‹ [›Brot af Sigurðarkviðo‹] oder in der Bildüberlieferung).

Was spricht dafür, daß diese Konstellation die ältere ist? Das stärkste Argument liefert eine historische Parallele, die wir oben übergangen haben, weil sie für die Sagenfassung des ›Nibelungenliedes‹ irrelevant ist. Im Jahre 453 starb Attila im Bett an der Seite eines Germanenmädchens mit Namen Hildico. Todesursache soll ein Blutsturz gewesen sein, aber schon früh ist die Meinung bezeugt, das Mädchen habe ihn getötet. Man kann es nicht beweisen, aber es ist doch sehr wahrscheinlich, daß dies der historische Kern der Sage vom Tod des Hunnenherrschers ist, wie ihn die ›Atlakviða‹ berichtet (vielleicht ist sogar der Name des Mädchens eine Koseform von *Kriemhild*: »Hildchen«). Es sieht also danach aus, als sei die Burgundensage aus der Verbindung der Überlieferung vom Ende des Burgundenkönigs Gundaharius und vom Ende des Hunnenkönigs Attila gebildet worden: die Germanin wurde zur Schwester und Rächerin des Burgundenkönigs gemacht, der durch die Hunnen Reich und Leben verloren hatte.

Mit der ersten Phase der Entwicklung der Burgundensage wäre zugleich die zweite gewonnen: sie wäre gekennzeichnet durch die revidierte Rachefabel, in der die Frau nicht ihre Brüder an ihrem Mann, sondern ihren (ersten) Mann an den Brüdern rächt. Was hat den Anlaß für die Änderung gegeben? Heusler verwies zur Erklärung auf das Etzelbild der Sage von Dietrich von Bern: dort erscheint der Hunnenkönig als milder, gerechter Herrscher, der dem aus seinem Reich vertriebenen Dietrich Asyl gewährt (in dieser Rolle tritt Dietrich ja im ›Nibelungenlied‹ auf). »Dieses Bild von Attila hatten die Ostgoten, seine Dienstpflichtigen, aufgebracht und den Baiwaren vererbt. Diesem Bilde aber widersprach... der Etzel des Burgundenliedes, der goldgierige und grausame Verräter. An den konnten die Bayern nicht glauben. Sollte ihnen das Burgundenlied annehmbar werden, dann mußte man den Verräter Etzel entlasten« (Heusler [vgl. S. 114] S. 29). Und ebendies habe ein bayrischer Dichter getan, indem er die Rächerrolle auf die Frau übertrug, das Rachemotiv im Blick auf die Siegfriedsage entsprechend änderte und die Sage von Etzels Tod aufgab.

Daß die Burgundensage in ihrer ursprünglichen Gestalt mit der Dietrichsage nicht recht zu verbinden war, leuchtet ein – und zu solcher Verbindung mußte die Tendenz zur Integration der heroischen Sagenwelt, zur zyklusartigen Verknüpfung aller Stoffkreise früher oder später drängen. Es fragt sich nur, ob der Umbau der Rachehandlung wirklich eine Folge der Anpassung des Etzelbildes gewesen ist oder ob man ihn nicht schon früher vorgenommen hat, indem man die Burgundensage mit der Siegfriedsage verknüpfte: die Entlastung des Hunnenherrschers, die sich einstellen mußte, wenn die verräterische Einladung der Rache für Siegfrieds Tod galt, hätte dann der Anbindung der Burgundensage an die Dietrichsage vorarbeiten können. Wir werden es nicht ergründen und müssen uns mit der Einsicht begnügen, daß die Handlungskonstellation, wie das ›Nibelungenlied‹ sie bietet, sekundär ist.

Wir dürfen auch annehmen, daß diese Konstellation nicht etwa erst im ›Nibelungenlied‹ selbst geschaffen wurde. Die Annahme ist freilich schwerer zu erhärten, als es auf den ersten Blick scheinen mag. Heusler hat die Datierung seines bairischen Burgundenliedes damit begründet, daß »seit dem achten Jahrhundert... in oberdeutschen Urkunden die Privatnamen Kriemhilt, Haguno, Nipulunc, Sigfrid« auftauchen (Heusler [vgl. S. 114] S. 29). Damit wäre allenfalls etwas anzufangen, wenn sich sichern ließe, daß die Neukonzeption tatsächlich erst beim Auftauchen der Sage in Bayern und dann mit Notwendigkeit erfolgt wäre, weil sich deren Etzelbild eben nicht mit dem in Bayern herrschenden vertrug. Wie wir gesehen haben, zwingt aber nichts dazu, die Neukonzeption als Folge der Änderung des Etzelbildes anzusehen. Im übrigen gibt es nur e i n e n direkten Beleg für die Existenz der neuen Konstellation vor dem ›Nibelungenlied‹, und der ist nicht über jeden Zweifel erhaben. Es handelt sich um eine Nachricht in der Dänengeschichte (›Gesta Danorum‹) des dänischen Historikers Saxo Grammaticus: demnach soll im Jahre 1131 ein Sänger den Dänenherzog Knut vor einem Verrat gewarnt haben, indem er ein Lied von der *notissimam Grimildae erga fratres perfidiam* sang, vom »weit bekannten Verrat der Kriemhild an ihren Brüdern« (Saxonis Gesta Danorum, hg. von J. Olrik und H. Raeder, Bd. I, Kopenhagen 1931, S. 355 [13 VI 7]). Saxo hat sein Werk um 1200 verfaßt, und man kann nicht ausschließen, daß er bereits das ›Nibelungenlied‹ kannte. So ist man letztlich darauf angewiesen, aus dem Text des ›Nibelungenliedes‹ selbst evident zu machen, daß es die Rachefabel aus älterer Tradition übernommen hat. Das führt uns auf

Heuslers dritte Stufe: das österreichische Burgundenepos der 1160er Jahre, die ›Ältere Not‹ (zum Namen s. u. S. 59).

Wie das älteste Burgundenlied so gewinnt Heusler auch die ›Ältere Not‹ im wesentlichen aus einer jüngeren nordischen Dichtung: der norwegischen ›Thidrekssaga‹, die um 1250 entstanden ist. Die Saga handelt vom Leben und von den Taten Dietrichs (Thidreks) von Bern und verknüpft damit eine bunte Fülle anderer Erzählstoffe namentlich aus der Heldensage, alles, wie es im Prolog heißt, nach den Berichten deutscher Männer und zum Teil nach ihren Liedern.

Ausführlich wird da auch von Siegfrieds Tod und vom Untergang der Burgunden erzählt. Die Sagen sind über das Rachemotiv miteinander verknüpft wie im ›Nibelungenlied‹, und die Übereinstimmungen mit diesem gehen teilweise bis in den Wortlaut. So erhält Kriemhild, als sie Hagen bei der Ankunft der Burgunden nach dem Hort fragt, in beiden Werken die gleiche Antwort, in der Saga (þiðriks Saga af Bern, hg. von Henrik Bertelsen, Bd. 2, Kopenhagen 1908–11, S. 298 f.): *þa svarar Hogne. Ek foere þer. se ger hann mikin vvinn þar fylgir minn skiolldr oc minn hialmr með minu sverð. oc ei leifða ek mina brynio* (in der Übersetzung von Fine Erichsen, Die Geschichte Thidreks von Bern [Thule. 22], Neuausgabe Darmstadt 1967, S. 396: »Högni antwortete: ›Ich bring dir den Teufel und dazu meinen Schild, meinen Helm und mein Schwert. Auch meine Brünne ließ ich nicht zu Hause‹«) – und im ›Nibelungenlied‹ (1744 – im vorletzten und letzten Vers Bruch der zu erwartenden Satzfolge!):

> ›Jâ bringe ich iu den tiuvel!‹,   sprach aber Hagene.
> ›ich hân an mînem schilde   sô vil ze tragene
> und an der mînen brünne –   mîn helm der ist lieht –
> daz swert an mîner hende –   des enbringe ich iu nieht.‹

(»›Den Teufel bring ich euch!‹ antwortete Hagen, ›Ich hab an meinem Schild so viel zu tragen und an meiner Brünne – mein Helm blitzt – das Schwert in meiner Hand – darum bring ich euch nichts‹«). Solche Übereinstimmungen legen den Gedanken nahe, daß die Saga mindestens indirekt aus dem ›Nibelungenlied‹ geschöpft hat. In der Tat wäre es verwunderlich, wenn die Gewährsleute des Sagaverfassers das ›Nibelungenlied‹ nicht gekannt hätten. Sie müssen nämlich vorzügliche Kenner gewesen sein, die in Sachen Heldendichtung auf dem laufenden waren: das zeigt etwa die Geschichte von Thidreks Kampf mit dem Riesen Ekka, die aus einer oberdeutschen (vielleicht tirolischen) Heldendichtung stammt, dem ›Eckenlied‹, das nicht sehr lange vor der Abfassungszeit der Saga entstanden sein dürfte und jedenfalls jünger gewesen sein wird als das ›Nibelungenlied‹.

Andererseits ist es unmöglich, die Nibelungen-Partien der Saga allein aus dem ›Nibelungenlied‹ abzuleiten. Der Sagaverfasser kennt Einzelheiten aus der Jugendgeschichte Siegfrieds, die dem ›Nibelungenlied‹ nicht zu entnehmen waren, die er aber auch nicht erfunden haben kann; und seine Darstellung zeigt auch in den parallelen Passagen eine Reihe von zum Teil erheblichen Abweichungen, die ebenfalls auf andere Quellen verweisen. In einer Art Nachwort zur Erzählung vom Burgundenuntergang deutet er selbst an, daß er mehrere Quellen benutzt hat: er beruft sich auf Erzählungen von Männern aus Soest (wo er den Burgundenuntergang stattfinden läßt), Bremen und Münster und gibt zu erkennen, daß er daneben »alte Dichtungen in deutscher Sprache« gekannt hat (Bertelsen [vgl. S. 37] Bd. 2, S. 328). Man kann sich fragen, inwieweit diese Angaben seriös sind, doch ist nicht daran zu zweifeln, daß in der Darstellung der Saga verschiedene Traditionsstränge der Sage, auch der Sage vom Burgundenuntergang, verquickt sind. Das aber bedeutet, daß es außerordentlich schwierig bis unmöglich ist zu sagen, ob Übereinstimmungen zwischen der Saga und dem ›Nibelungenlied‹ jeweils aus Einfluß des ›Nibelungenliedes‹ auf die Saga zu erklären sind oder daraus, daß beide Dichtungen aus derselben Quelle schöpften. Immerhin läßt sich feststellen, daß es eine solche gemeinsame Quelle tatsächlich gegeben hat.

Beweisen kann man das etwa mit der schrecklichen Szene der Ermordung des Etzelsohns. Im ›Nibelungenlied‹ schlägt Hagen, nachdem Dankwart den Tod der Knappen gemeldet hat, mit einer Hohnrede dem Knaben den Kopf ab (1960, 2 ff. – Hagen spricht):

> ›nu trinken wir die minne und gelten's küneges wîn!
> der junge vogt von Hiunen, der muoz der aller êrste sîn.‹

> Dô sluoc daz kint Ortlieben Hagen der helt guot,
> daz im gegen der hende ame swerte vlôz daz bluot,
> unt daz der küneginne daz houbet spranc in die schôz.
> dô huop sich under degenen ein mort vil grimmec unde grôz.

(»›Trinken wir jetzt zusammen den Gedächtnistrunk [zu Ehren Siegfrieds?] und bezahlen wir so den Wein des Königs! Der junge Herr der Hunnen, der soll der erste sein [der etwas bekommt].‹ Da erschlug Hagen, der große Held, den jungen Ortlieb, daß ihm das Blut vom Schwert auf die Hand lief und der Kopf in den Schoß der Königin sprang. Da begann ein fürchterliches Morden unter den Helden«). Man kann sich allerlei zurechtlegen, warum Hagen das Gemetzel gerade mit der Ermordung des Kindes beginnt: der Dichter sagt es nicht, und es wird auch aus dem Handlungszusammenhang nicht evident. Anders in der Saga, wo Grimhild das Kind aufhetzt (Bertelsen [vgl. S. 37 Bd. 2, S. 308 f.]: *minn soete son mantu uera licr þrinum froendum. Oc heuir þu hug til þa skalltu ganga til hogna oc þa er hann lytr fram ivir borðet oc tecr mat af diskinum. reið upp þinn neva oc liost a hans kinn sem allra harðast mattu. þa mantu vera goðr drengr. ef þetta þorer þu. Sveinnenn rann þegar ivir til hogna. oc þa er hogne lytr fram ivir bor-ðet. þa lystr sueininn sinum neva ahans kinn. en þat hoG uarð meira en von vere at. af sua ungum manne. Oc nu sinni vinstri hende tecr Hogne sueinin með harenu. oc mellte. þetta heuer þu eigi gort með þinu raðe. oc ei með raðe attila konungs faður þins. helldr er þetta eggian þinnaR moður. oc þess mantu nv litt niota þessu sinni. Oc sinni hoegre hende tecr hogne um meðalkafla sins sverðs oc dregr ór sliðrum. oc hegr afhavoð sveinsins. oc kastar hofðenu abriost Grimhilldi. oc meltte hogni. i þessum appalldrs garðe dreckum gott vin. oc þat uerðum ver dyrt at kaupa. ena fystu skulld lyc ek með þessu Grimhilldi systor* (Erichsen [vgl. S. 37] S. 402: »›Mein liebster Sohn, willst du deinen Blutsfreunden gleich sein, und hast du Mut genug, dann geh zu Högni, wenn er sich über den Tisch beugt und Speise aus der Schüssel nimmt, recke deine Faust auf, und schlag ihn auf die Wange, so stark du vermagst. Wenn du das wagst, bist du ein braver Bursch.‹ Der Knabe lief sofort zu Högni hinüber, und als er sich über den Tisch beugte, schlug das Kind ihn mit der Faust auf die Wange. Es war ein stärkerer Schlag, als man von einem so kleinen Knaben erwarten sollte. Mit seiner Linken packte Högni den Knaben bei den Haaren und sprach: ›Das hast du nicht aus dir selbst getan, auch nicht auf den Rat deines Vaters, König Attilas; dazu reizte dich deine Mutter. Du wirst fürs erste wenig Nutzen von diesem Schlag haben.‹ Und Högni umspannte mit seiner Rechten den Griff seines Schwertes, haute dem Knaben den Kopf ab und schleuderte ihn Grimhild an die Brust, und sprach: ›Guten Wein trinken wir in diesem Garten [das Mahl findet hier in einem ummauerten Baumgarten statt], den haben wir teuer zu bezahlen, die erste Schuld entricht' ich hiermit der Schwester Grimhild‹«). Grimhild benutzt also das Kind, um Hagen zu einer Gewalttat zu provozieren, die ihren Gemahl zwingt, sich nun seinerseits an den Burgunden zu rächen.

Daß der Sagaverfasser dies nicht etwa aus der Darstellung des ›Nibelungenliedes‹ herausgesponnen hat, zeigt die sog. ›Heldenbuch-Prosa‹. Das ist eine zusammenfassende Darstellung der wichtigsten Gestalten und Ereignisse der deutschen Heldensage, die zuerst in einem Straßburger Druck von 1479 und einer etwa gleichzeitig und ebenfalls in Straßburg entstandenen Handschrift überliefert ist. Dort liest sich die Geschichte so (Text nach der Faksimileausgabe des Druckes: Heldenbuch, hg. von Joachim Heinzle, Bd. I [Litterae 75 / I], Göppingen 1981, Fol. 5vb): *Da het sie* (Kriemhild) *ein iungen sun von zehen iaren, zů dem sprach sie:*

›lauff, schlag Hagen an ein backen!‹ Der knab sprach: ›welcher ist es?‹ sie sprach: ›es ist, der dôrt siczet.‹ Da gieng der knab hin vnd schlůg in an ein backen. Da sprah Hagen: ›das will ich dir fertragen um deiner kintheit willen. were es aber, daz du mich me schliegst, so mechte ich dirs nit fertragen.‹ Da was sie fro vnd sprach aber czům knaben: ›lauff vnd schlach in noch ein mal!‹ Der knab thet, was in die můter hiesz. Da er in aber hett geschlagen, da stůnd Hagen auff vnd sprach: ›das hast du nit von dir selber gethan‹, vnd nam das kint bey dem har vnd schlůg im daz haubt ab (»Sie hatte einen kleinen Sohn von zehn Jahren, zu dem sagte sie: ›Lauf, schlag Hagen auf die Backe!‹ Der Knabe sagte: ›Welcher ist es?‹ Sie sagte: ›Der, der dort sitzt.‹ Da ging der Knabe hin und schlug ihn auf die Backe. Da sagte Hagen: ›Das will ich dir durchgehen lassen, weil du noch so klein bist. Wenn du mich aber noch einmal schlägst, dann könnte ich es dir nicht durchgehen lassen.‹ Da war sie froh und sagte wieder zu dem Knaben: ›Lauf und schlag ihn noch einmal!‹ Der Knabe tat, was die Mutter von ihm verlangte. Als er ihn erneut geschlagen hatte, stand Hagen auf und sagte: ›Das hast du nicht aus dir selbst getan‹, und nahm das Kind an den Haaren und schlug ihm den Kopf ab«). Es kann als sicher gelten, daß die ›Heldenbuch-Prosa‹ weder direkt noch indirekt aus der Saga geschöpft hat; und es ist auch nicht sehr wahrscheinlich, daß sie die Szene unabhängig von der Saga noch einmal erfunden hat, noch dazu mit einer Übereinstimmung im Wortlaut (»das hast du nicht aus dir selbst getan«). So bleibt nur die Möglichkeit, daß in der ›Heldenbuch-Prosa‹ gewissermaßen am ›Nibelungenlied‹ vorbei ein Traditionsstrang bewahrt ist, der auch der Saga zugrunde lag. Daß die Szene so auch dem Dichter des ›Nibelungenliedes‹ bekannt war, ergibt sich mit Sicherheit aus der Strophe 1912, in der berichtet wird, daß Kriemhild den Knaben holen läßt:

> *Dô der strît niht anders   kunde sîn erhaben*
> *(Kriemhilt ir leit daz alte   in ir herzen was begraben),*
> *dô hiez si tragen ze tische   den Etzelen sun.*
> *wie kunde ein wîp durch râche   immer vreislîcher tuon?*

(»Als der Kampf nicht anders begonnen werden konnte – Kriemhilds altes Leid ruhte tief in ihrem Herzen –, da befahl sie, Etzels Sohn zur Tafel zu tragen. Wie hätte je eine Frau, um Rache zu üben, schrecklicher handeln können?«). Das hat nur einen Sinn im Hinblick auf die Opferung des Knaben, wie sie die Saga und die ›Heldenbuch-Prosa‹ erzählen. Offenbar hat der Dichter des ›Nibelungenliedes‹ diese Strophe aus der ihm bekannten Tradition stehen lassen, den Ausbruch der Kämpfe dann aber ganz anders motiviert, nach eigener Erfindung oder, wahrscheinlicher, auf der Grundlage einer anderen, konkurrierenden Tradition. Bewiesen ist damit zunächst, daß er die Rachefabel tatsächlich schon in der revidierten Fassung (Rache der Frau an den Brüdern) vorgefunden hat. Doch führt der Befund noch einen Schritt weiter.

Mit jener Strophe 1912 zeichnet sich nämlich eine Dichtung ab, die dem Dichter des ›Nibelungenliedes‹ als Vorlage gedient hat. Wenn es richtig ist, daß diese Strophe als ganze ein irrtümlich stehen gebliebenes Überbleibsel ist (sie bildet ja eine geschlossene Sinneinheit), dann führt sie auf die Existenz einer älteren Fassung des Textes, die bereits die Strophenform des ›Nibelungenliedes‹ aufwies. Und diese Fassung dürfte tatsächlich, wie Heusler für seine ›Ältere Not‹ annahm, deutlich älter sein als das ›Nibelungenlied‹. Das ergibt sich aus der versgeschichtlichen Beurteilung des Baus der Strophe. Nehmen wir als Beispiel die Strophe 6 (die Rede ist von den drei burgundischen Königen):

> Ze Wórmez bî dem Rînè   si wónten mít ir kráft.
> in díente vón ir lándèn   vil stólziu rítterscáft
> mit lóbelîchen êrèn   unz án ir éndes zît.
> si stúrben sît jáemerlîchè   von zwéier édelen fróuwen nît.

(»Zu Worm am Rhein herrschten sie in der Fülle ihrer Macht. Aus ihren Ländern diente ihnen eine stolze Ritterschaft und erwarb ihnen Ruhm und Ansehen, solange sie lebten. Sie sollten ein schreckliches Ende nehmen wegen der Feindschaft zweier Königinnen«). Die Strophe besteht aus vier Verszeilen, von denen die erste mit der zweiten und die dritte mit der vierten durch Reim verbunden ist *(kraft : ritterscaft, zît : nît).* Bei den Verszeilen handelt es sich um sog. Langzeilen, d. h. sie bestehen jeweils aus zwei Halbzeilen – Anvers und Abvers –, die durch einen Einschnitt (eine Zäsur) getrennt sind. Die Halbzeilen können jeweils mit einer unbetonten Silbe beginnen (»Auftakt«) wie im Beispiel, aber auch mit einer betonten. Im Versinnern steht zwischen den betonten Silben (»Hebungen«) meistens je eine unbetonte (eine »Senkung«), so daß sich ein regelmäßiger Wechsel von Hebung und Senkung ergibt (»Alternation«); die Senkungszone zwischen den Hebungen kann aber auch mehr als eine Silbe umfassen (im Beispiel: *stúrben sît jáe-*) und sie kann – unter bestimmten Bedingungen – umgekehrt auch fehlen, so daß die Hebungen unmittelbar aneinanderstoßen. Die An- und Abverse weisen drei voll betonte Silben auf, mit Ausnahme des letzten Abverses, der vierhebig ist. Der Versausgang der Anverse ist zweisilbig, wobei die vorletzte Silbe lang und voll betont ist; diese sog. »weibliche Kadenz« wird beim Vortrag »klingend« realisiert, d. h. so, daß die letzte Silbe eine Nebenbetonung erhält (im Beispiel durch fallenden Akzent markiert). Der Versausgang der Abverse ist in der Beispielstrophe durchweg einsilbig, wobei die letzte Silbe volle Betonung trägt (»männliche Kadenz«); als metrisch identisch gilt ein zweisilbiger Typus, bei dem die vorletzte Silbe mit einem voll betonten kurzen Vokal schließt und die letzte unbetont ist:

Ích bin óuch ein réckè   und sólde krône trágen

(109,1). Der Ausgang der Abverse 1–3 wird von manchen Forschern als »unterfüllt« oder – in der Terminologie Andreas Heuslers – als »stumpf« interpretiert. Sie gehen, musikalisch gesprochen, von einem Viertaktrahmen aus und nehmen an, daß der vierte Takt im letzten Abvers »gefüllt« ist, in den Abversen 1–3 aber als Pause erscheint. Die so beschriebene Struktur der Nibelungenzeile ist uns vertraut aus Volksliedversen wie:

Ich hôrt ein Síchelein ráuschèn,   Wohl ráuschen dúrch das Kórn.

43

Das Besondere an der Nibelungenstrophe, sozusagen ihr »Pfiff«, ist die Längung des letzten Abverses: sie gibt ihr Kontur, läßt sie den Hörer als blockhaft geschlossene Einheit wahrnehmen. Den Hörer: denn das ›Nibelungenlied‹ war primär zum Vortrag bestimmt, nicht zum stillen Lesen, und zwar, wie wir heute wissen, zum musikalischen Vortrag wahrscheinlich mit Instrumentbegleitung (die Melodie ist leider nicht überliefert und hat sich bis jetzt auch nicht überzeugend rekonstruieren lassen). In vielen Strophen wird diese Schlußbeschwerung noch dadurch unterstrichen, daß in dem gelängten letzten Abvers die zweite und die dritte betonte Silbe unmittelbar aufeinanderfolgen, wobei die zweite als vollbetonte lange Silbe, die dritte als schwach betonte Silbe ausgebildet ist (»beschwerte Hebung«), z. B. in der vorletzten Strophe (2378):

Díu vil míchel ére   *was dá gelégen tót.*
die líute héten állè   *jâmer únde nót.*
mit léide wás veréndèt   *des kúniges hóhgezít,*
als íe diu líebe léidè   *z'áller júngèste gít.*

(»Die große Herrlichkeit war dahin. Die Leute waren alle ergriffen von Jammer und Schmerz. In Leid war des Königs Fest zu Ende gegangen, wie stets die Freude zuletzt Leid bringt«). Auch sonst wird das metrische Idealschema in den einzelnen Strophen vielfach variiert: es gibt Abweichungen in der Gestaltung der An- und Abversschlüsse, Verse mit überschüssigen oder fehlenden Hebungen und anderes mehr.

Wir fragen nach dem versgeschichtlichen Ort der Strophenform. Die Frage führt uns zu den Anfängen des Minnesangs im bayrisch-österreichischen Donauraum. Dort hat, wohl um 1150/ 60, der mutmaßlich älteste Minnesänger, den wir kennen, ein Herr von Kürenberg, diese Strophenform benutzt, und zwar bereits in der kunstvollen Ausprägung mit beschwerter Hebung im letzten Abvers. Nehmen wir als Beispiel die erste Strophe des berühmten Falkenliedes (Des Minnesangs Frühling, 36. Auflage, bearbeitet von Hugo Moser und Helmut Tervooren, Bd. I, Stuttgart 1977, II 6 = 8,33):

> *Ich zôch mir éinen válkèn*   *mére dánne ein jár.*
> *dô ich ín gezámetè,*   *als ích in wólte hán,*
> *und ích im sín gevíderè*   *mit gólde wól bewánt,*
> *er húop sich úf vil hôhè*   *und vlóuc in ándèriu lánt.*

(»Ich richtete mir einen Falken ab, länger als ein Jahr. Als ich ihn gezähmt hatte, wie ich ihn haben wollte, und ihm sein Gefieder mit Goldfäden umwunden hatte, da schwang er sich hoch in die Luft und flog in andere Länder«). Hat der Kürenberger dié Strophe aus einer Vorstufe des ›Nibelungenliedes‹ übernommen oder hat umgekehrt deren Dichter sie vom Kürenberger entlehnt? So gestellt, läßt sich die Frage nicht beantworten. Wohl aber können wir sagen, daß die Verwendung der Strophe in der Nibelungendichtung wahrscheinlich von der Lyrik inspiriert ist. Soweit wir sehen, sind nämlich solche liedhaft geschlossenen Strophen generell erst spät in die Heldendichtung eingeführt worden: deren ursprüngliche Form scheint die der fortlaufenden Reihung gleich gebauter Verse gewesen zu sein, wie sie z. B. im althochdeutschen ›Hildebrandslied‹ vorliegt. Es spricht einiges dafür, daß dieser Formenwandel in einem »besonderen historischen Moment« (Horst Brunner [vgl. S. 115] S. 324) geschehen ist – und zwar eben um die Mitte des 12. Jahrhunderts, als sich der alte Vortragsstil der Heldendichtung mit der Lied- und Spruchstrophik der sich entfaltenden höfischen Lyrik konfrontiert sah. Wenn es sich so verhält, dann ist es auch von daher plausibel, daß unsere Strophe nicht etwa erst vom Dichter des ›Nibelungenliedes‹ in die Nibelungendichtung gebracht wurde, sondern schon von einem Vorgänger, und zwar ein paar Jahrzehnte früher: denn »eine Anlehnung der Epik an die Kürnbergerstrophe oder eine selbständige Neuprägung der Nibelungenstrophe in Anlehnung an frühe Lied- und Spruchstrophik« ist »in den 1160er bis 1180er Jahren leichter denkbar... als um oder nach 1200, als Walther die höfische Strophenkunst bestimmte« (Burghart Wachinger, HSt S. 268/94).

Soweit unser Versuch, uns in Auseinandersetzung mit dem Heuslerschen Modell ein Bild von der Entwicklung der Burgundensage zu machen. Das Bild ließe sich durch manche Züge komplettieren (z. B. könnte man zeigen, daß sich schon früh der Traditionsstrang ausgebildet hat, in dem Hagen nicht mehr der Bruder oder der Halbbruder Gunthers ist wie in den nordischen Texten, sondern sein Vasall wie im ›Nibelungenlied‹). Uns genügt die Rekonstruktion der Grundzüge. Wir resümieren und präzisieren sie so: in der ursprünglichen Fassung der Sage hat die Frau ihre Brüder an ihrem Mann gerächt; zu einem uns nicht bekannten Zeitpunkt, jedenfalls vor – und wahrscheinlich geraume Zeit vor – dem ›Nibelungenlied‹, kam die Version auf, in der die Frau ihren (ersten) Mann an ihren Brüdern rächt; beide Versionen dürften – in verschiedenen (auch konkurrierenden) Dichtungen und als dichterisch ungeformtes Sagenwissen – nebeneinander in Umlauf gewesen sein; zumindest hinter dem zweiten Teil des ›Nibelungenliedes‹ steht (u. a.) eine um 1160/80 entstandene Dichtung, die sich bereits der Strophenform bediente, die wir aus dem ›Nibelungenlied‹ kennen.

Ob diese ältere Dichtung, wie Heusler meinte, tatsächlich nur die »Not«: den Burgundenuntergang also, behandelt hat und, vor allem, ob sie ein veritables Buchepos gewesen ist, können wir nicht mehr ermitteln. Auf jeden Fall aber ist die Einführung der Strophenform ein wichtiger Schritt in Richtung auf die Literarisierung des Stoffes gewesen: »in dem Sinn, daß damit ein differenzierterer Stil begünstigt, wenn nicht erzwungen wurde« (Wachinger a.a.O.). Wenn nicht alles täuscht, ist dadurch dem Dichter des ›Nibelungenliedes‹ kräftig vorgearbeitet worden.

II

ENTSTEHUNG UND ÜBERLIEFERUNG
DES LIEDES

Wenden wir uns nun definitiv dem ›Nibelungenlied‹ selbst zu und fragen wir zunächst nach den äußeren Daten seiner Existenz: von wem, wann, wo wurde es gedichtet? und wie ist es überliefert?

Passauer Verbindungen

Der Dichter des ›Nibelungenliedes‹ verschweigt seinen Namen; und er sagt uns auch nicht, wann und wo er sein Werk verfaßt hat. Auch sonst unterrichtet uns darüber kein Zeugnis. Wir sind auf Indizienbeweis angewiesen.

Ersten Aufschluß über die Entstehungszeit geben uns die Reimtechnik und ein Zitat im ›Parzival‹-Roman Wolframs von Eschenbach; ersten Aufschluß über den Entstehungsort gibt die Sprache, in der das Werk verfaßt ist. Die Reimtechnik – d. h. die Reinheit der Reimbindungen – zeigt im ganzen einen Standard, der in der mittelhochdeutschen Literatur kaum vor den späten achtziger oder frühen neunziger Jahren des 12. Jahrhunderts möglich ist; im ›Parzival‹ wird in den Versen 420,25 ff. auf Rumolts Rat (›Nibelungenlied‹ 1465 ff. bzw. *C 1493 ff. – vgl. S. 62) angespielt, und wir können mit einiger Zuversicht annehmen, daß Wolfram diese Passage in den Jahren 1204/1205 gedichtet hat. Nach ca. 1190 und vor ca. 1205: das ist mithin die Zeitspanne, mit der wir für die Abfassung des ›Nibelungenliedes‹ rechnen müssen. Die Sprache, d. h. der Dialekt des Dichters, weist – soweit überhaupt eine Aussage darüber möglich ist – in den bairisch-österreichischen Raum. Eine Überlegung und eine Beobachtung führen weiter.

Die Überlegung: Bücher vom Umfang des ›Nibelungenliedes‹ konnten damals nicht nach Lust und Laune eines Autors verfaßt werden. Die Produktionskosten waren hoch – schon der einzig verfügbare Beschreibstoff: Pergament war extrem teuer –, und es existierte auch kein literarischer Markt, auf dem sich ein Epiker als freischaffender Künstler hätte bewegen können. Im Prinzip gab es nur zwei Möglichkeiten: der Dichter war entweder im institutionellen Rahmen der Kirche tätig – etwa als Mönch in einem Kloster – oder er arbeitete unter dem Patronat eines finanzkräftigen Gönners.

Die Beobachtung: Jedem Leser des ›Nibelungenliedes‹ muß auffallen, daß der Dichter einer Gestalt, die für die erzählte Geschichte völlig belanglos ist, große Aufmerksamkeit schenkt: dem Bischof Pilgrim von Passau. Er ist der Onkel (Mutterbruder) Kriemhilds und ihrer Brüder; beim Zug ins Hunnenreich machen Kriemhild (1295 ff.) und dann die Nibelungen (1627 ff.) bei ihm Station, ebenso, auf der Hin- und auf der Rückreise, die Boten Wärbel und Swämmel (1427 ff., 1495). Weiter fällt auf, daß der Dichter die Stadt Passau genau kennt (1295): er weiß, daß bei Passau der Inn in die Donau fließt, und zwar – wie er ausdrücklich und zutreffend anmerkt – *mit fluzze*, »mit starker Strömung«; und er weiß, daß sich dort ein Kloster befindet (es ist das bedeutende Benediktinerinnenkloster Niedernburg).

Aus der Überlegung und aus der Beobachtung ergibt sich die Folgerung: mit einiger Zuversicht dürften wir davon ausgehen, daß das ›Nibelungenlied‹ in Passau entstanden ist, wenn es gelänge nachzuweisen, daß dort die genannten Bedingungen für die Abfassung eines solchen Werks gegeben waren. Das ist der Fall. Den Passauer Bischofsstuhl hatte von 1191 bis 1204 – genau in der Zeitspanne also, die in Frage kommt – ein ebenso einflußreicher wie kunstliebender Mann inne, von dem wir wissen, daß er an deutscher Literatur interessiert war und sie gefördert hat: Wolfger von Erla. Ihm, genauer: seiner peniblen Buchführung verdanken wir das einzige außerliterarische Lebenszeugnis Walthers von der Vogelweide. Es handelt sich um eine Rechnungsnotiz, derzufolge der Sänger am 12. November 1203 aus der bischöflichen Kasse Geld für den Ankauf eines Pelzmantels erhalten hat. Von Passau ist Wolfger auf den Patriarchenstuhl von Aquileia berufen worden, und auch dort hat er sich als Förderer der Literatur betätigt: der berühmte Rhetoriker Boncompagno da Signa preist die Großzügigkeit des Patriarchen, und es ist mehr als wahrscheinlich, daß unter seiner Obhut auch der Domherr Thomasin von Zerklaere sein großes Lehrgedicht ›Der welsche Gast‹ verfaßt hat.

Die Passauer Spur läßt sich weiterverfolgen. In der handschriftlichen Überlieferung ist das ›Nibelungenlied‹ regelmäßig und zwar offenbar von Anfang an mit einer Dichtung in Reimpaaren verbunden, die sich selbst ›Die Klage‹ nennt und eine Art Fortsetzung und Kommentar zum ›Nibelungenlied‹ bietet. Wir kommen auf diese Dichtung – die als Kunstwerk ohne Bedeutung, als literarhistorisches Zeugnis aber äußerst wertvoll ist – noch zurück. Hier interessiert uns nur eine Passage, in der berichtet wird, wie es zur Aufzeichnung der schrecklichen Ereignisse gekommen sein soll (4295 ff.):

> *Von Pazowe der biscof Pilgerîn*
> *durh liebe der neven sîn*
> *hiez scrîben ditze maere,*
> *wie ez ergangen waere,*
> *im latînischen buochstaben,*
> *daz manz für wâr solde haben,*
> *swerz dar nâh erfunde,*
> *von der alrêrsten stunde,*
> *wie ez sih huob und ouh began,*
> *und wie ez ende gewan,*
> *umbe der guoten knechte nôt,*
> *und wie si alle gelâgen tôt.*
> *daz hiez er allez schrîben.*
> *ern liez es niht belîben,*
> *wand im seit der videlaere*

diu kuntlîchen maere,
wie ez ergie und gescach;
wand erz hôrte unde sach,
er unde manec ander man.
daz maere prieven dô began
sîn schrîber, meister Kuonrât.
getihtet man ez sît hât
dicke in tiuscher zungen.

(»Bischof Pilgrim von Passau befahl aus Liebe zu seinen Neffen, diese Geschichte aufzuschreiben, wie sie sich ereignet hat, in lateinischer Sprache, daß sie als wahr verbürgt sein sollte für jeden, der später von ihr hörte, von Anfang an, wie sie anhob und begann, und wie sie endete, von den Leiden der tapferen Helden und wie sie alle den Tod fanden. Das ließ er alles aufschreiben. Nichts davon ließ er übergehen, denn der Spielmann [Swämmel] hatte ihm genau Auskunft gegeben, wie es ergangen war und sich ereignet hatte; denn er hatte es gehört und gesehen, er und viele andere Männer. Die Geschichte wurde niedergeschrieben von seinem Schreiber, Meister Konrad. Seither hat man sie oft in deutscher Sprache gedichtet«). Wenn – wie wir annehmen – die ›Klage‹ in unmittelbarem Zusammenhang mit dem ›Nibelungenlied‹ verfaßt wurde (vgl. S. 91), dann ist die Passage sozusagen das Echtheitszertifikat des ›Nibelungenliedes‹, die Bescheinigung, daß das, was es berichtet, historisch wahr ist. Es wird hier also jener Wahrheitsanspruch reklamiert, der für die Heldensage generell charakteristisch ist, und dies geschieht mit Hilfe eines Gemeinplatzes, der aus antiker Tradition stammt und in der gelehrten Literatur des Mittelalters öfters zu finden ist: Berufung auf Niederschrift nach Augenzeugenbericht. Bemerkenswert ist dabei der ausdrückliche Hinweis darauf, daß die Niederschrift in lateinischer Sprache erfolgte: er dient offensichtlich dazu, der in gelehrten Kreisen suspekten volkssprachigen Überlieferung die Weihe seriöser Historiographie zu geben. Man könnte das Ganze als Fiktion abtun – wenn da nicht der Bischof wäre.

Denn dieser ist tatsächlich eine historische Person. Bischof Pilgrim von Passau amtierte von 971 bis 991. Als einer der großen Kirchenfürsten seiner Zeit hat er das Bistum zu politischer, wirtschaftlicher und kultureller Blüte gebracht. Er stammte aus bayerischem Adel, und zwar aus einem Familienverband, für den aufgrund der Namengebung mit einer nibelungischen »Hausüberlieferung« im oben beschriebenen Sinne zu rechnen ist. So könnte er sehr wohl die Nibelungensage nach Passau gebracht und eine Tradition angeregt haben, die mit seinem Namen verbunden war. Ob am Anfang dieser Tradition eine lateinische Aufzeichnung stand, wie die ›Klage‹ behauptet, ist wohl eher unwahrscheinlich. Sicher aber dürfen wir der Angabe vertrauen, man habe seither »oft in deutscher Sprache davon gedichtet«: das zielt offensichtlich auf jene vielgestaltige Tradition deutscher Nibelungendichtungen, auf der, wie die sagengeschichtliche Analyse des ›Nibelungenliedes‹ zeigt, dessen Dichter aufgebaut hat.

Das alles spricht entschieden für Passau als Abfassungsort des ›Nibelungenliedes‹ und für Bischof Wolfger als Gönner des Dichters. Als solcher hätte er sich in die Nachfolge seines großen Vorgängers gestellt: wie dieser die Erstaufzeichnung in lateinischer Sprache, so hätte er das ehrgeizige und – wie sich zeigen sollte – erfolgreiche Unternehmen veranlaßt, die maßgebliche deutsche Buchfassung herzustellen. Daß Pilgrims im ›Nibelungenlied‹ gedacht wurde, mochte im übrigen einem sehr handfesten Interesse der Passauer Kirche dienlich sein. Diese war, wie es scheint, in jenen Jahren um die Propagierung eines Pilgrim-Kultes bemüht, der geeignet war, Gläubige anzuziehen und zu Spenden zu veranlassen (so sollen sich im Jahre 1181 Wunder am Grabe Pilgrims ereignet haben, nachdem der Dom niedergebrannt war – und die Kirche dringend Mittel für den Neubau benötigte). Das ›Nibelungenlied‹ konnte helfen, die Verehrung des Bischofs populär zu machen.

Den Verfasser wird man sich am ehesten als einen Kleriker aus dem Umkreis des Bischofs Wolfger vorzustellen haben. An einen

Kleriker – im mittelalterlichen Sinne des Wortes: einen geistlich gebildeten und somit schreib- und lesekundigen Mann, der nicht unbedingt Geistlicher sein mußte – ist deshalb zu denken, weil er in seinem Werk einige literarische Bildung verrät. Vielleicht war er ein Beamter des bischöflichen Hofes; darauf könnte die Tatsache weisen, daß er das Land von der Gegend um Passau die Donau hinunter bis nach Wien genauestens kennt, von den übrigen Schauplätzen, vor allem der Gegend um Worms, aber wenig Ahnung hat. Jener Donauraum gehörte nämlich zum Passauer Bistum und war durchzogen von Passauer Besitz.

Wenn dem so sein sollte, dann entspräche das Paar Bischof Pilgrim – Schreiber Konrad in der ›Klage‹ dem Paar Bischof Wolfger – Verfasser des ›Nibelungenliedes‹, und es könnte sogar sein, daß mit der Benennung jenes Schreibers der Name unseres Dichters sozusagen in die Überlieferung geschmuggelt wurde (was freilich bei der Suche nach seiner Person nicht weiterhilft, denn in der Umgebung Wolfgers sind mehrere Konrade bezeugt, die in Frage kommen könnten). Aber warum hat er sich nicht, wie es damals bei den Verfassern von epischen Dichtungen üblich war, in seinem Werk selbst genannt? Der Grund ist, wie Otto Höfler gezeigt hat, wahrscheinlich in einer Art Gattungsgesetz zu sehen: Heldendichtung ist in aller Regel anonym, und zwar wohl deswegen, weil der Dichter sich nur als Glied in der Kette derer versteht oder zu verstehen hat, die die ehrwürdige alte Wahrheit tradieren, als bloßen Vermittler einer überindividuellen Materie also. Und wenn der Dichter des ›Nibelungenliedes‹ ein gebildeter Mann war, dann gab es für ihn überdies ein Vorbild aus der Sphäre der gelehrten Literatur, an das er sich halten und mit dem er sich, wenn es nötig war, trösten konnte: auch der große Vergil hat seinen Namen in der ›Aeneis‹ nicht genannt.

Das ›Nibelungenlied‹ ist in 34 Textzeugen überliefert, vollständigen Handschriften und mehr oder weniger umfangreichen Handschriftenfragmenten; die deutsche Überlieferung wird ergänzt durch ein Fragment mit einer niederländischen Übersetzung des 13. Jahrhunderts. Die wichtigsten Handschriften sind: A, die Hohenems-Münchener Handschrift (1779 im gräflichen Schloß zu Hohenems bei Bregenz gefunden, 1810 für die Königliche Bibliothek in München erworben, heute Cod. germ. 34 der Bayerischen Staatsbibliothek München), aus der zweiten Hälfte des 13. Jahrhunderts; B, die St. Galler Handschrift (1768 für die Stiftsbibliothek St. Gallen erworben, dort heute als Ms. 857), ebenfalls aus der zweiten Hälfte des 13. Jahrhunderts, aber wohl etwas älter; C, die Hohenems-Laßbergische oder Donaueschinger Handschrift (1755 ebenfalls in Schloß Hohenems gefunden, 1815 vom Freiherrn Josef von Laßberg erworben und nach dessen Tod 1855 in die Fürstlich Fürstenbergische Hofbibliothek zu Donaueschingen gelangt, dort heute als Ms. 63), wohl noch aus der ersten Hälfte des 13. Jahrhunderts.

Die verschiedenen Handschriften überliefern das Werk nicht einheitlich. Die Texte, die sie bieten, weichen vielmehr in Anzahl und Reihenfolge der Strophen ebenso wie in Einzelheiten des Wortlauts zum Teil sehr stark voneinander ab. Im 19. Jahrhundert hat man darüber gestritten, welche von ihnen dem Original am nächsten komme. Nachdem Karl Lachmann für A eingetreten war, gaben Adolf Holtzmann und Friedrich Zarncke C und schließlich Karl Bartsch und Wilhelm Braune B den Vorzug (die Alphabet-Siglen stammen von Lachmann – die Reihenfolge: A, B, C drückt seine Einschätzung des textkritischen Wertes der so bezeichneten Handschriften aus). Braunes Beurteilung der Überlieferungsverhältnisse, im Jahre 1900 in einer großen Abhandlung begründet, galt, wie Heuslers Sagenstammbaum, Jahrzehnte hindurch als verbindlich. Erschüttert wurde sie 1963 durch Helmut

Brackerts »Beiträge zur Handschriftenkritik des Nibelungenliedes« (vgl. S. 116).

Brackerts Kritik betraf nicht nur die einzelnen Schritte und das
Ergebnis der Beweisführung Braunes, sie zielte im grundsätzlichen auf die Methode der Textkritik, die die Verwandtschaft der
Textzeugen im Hinblick auf die Rekonstruktion des Originals zu
ermitteln sucht, genauer: auf die Anwendbarkeit dieser Methode
im Falle der Überlieferung des ›Nibelungenliedes‹. Im Kern läuft
sie auf die Annahme hinaus, daß es hier nie ein Original im Sinne
einer individuellen Dichtung gegeben hat, auf das die gesamte
Überlieferung zurückgeht. Der hinter dieser Überlieferung ste-
hende gemeinsame Text – dessen Existenz auch Brackert anerkennen muß – führt nach seiner Ansicht bloß auf eine unter mehreren
Fassungen, möglicherweise eine »Passauer Rezension« (S. 170
Anm. 27). Deren Urheber denkt er sich als eine Art Redaktor, der
sich nicht kategorial von den Redaktoren unterschied, die für die
abweichenden Textfassungen der verschiedenen Handschriften
verantwortlich waren und von denen er annimmt, daß sie selb-
ständig immer wieder auf die vielgestaltige und lebendige Sagentradition zurückgriffen, aus der auch jener gemeinsame Text nur
geschöpft hatte: »Die Urheber der verschiedenen Redaktionen, die
uns vorliegen, lassen sich nicht prinzipiell als Geister minde-
ren Ranges von jenem Autor unterscheiden, auf den der gemeinsame Text zurückginge. Es wird unter den verschiedenen Dichtern, die an der Herausbildung dieses Textes mitwirkten, einen
gegeben haben, der größer war als alle anderen – das relativ hohe
Ansehen, das der gemeinsame Text genoß, kann als Stütze für
eine solche Auffassung dienen –, grundsätzlich steht hinter diesem Text eine Mehrzahl, wenn nicht eine Vielzahl von Sängern
(oder wie immer man sie nennen will), die alle in der gleichen
poetischen Technik bewandert, mit dem gleichen Stoffe vertraut,
sich an der Ausformung des Textes beteiligten« (S. 170). »Zwar
gab der einzelne Redaktor einen Text, der im groben feststand,
aber er opferte diesem Text nicht seine eigene Selbständigkeit. In

dem sicheren Gefühl, daß dieser Text nur jeweils eine der verschiedenen Erfüllungsmöglichkeiten verwirklichte, die in den recht lockeren Gesetzen der Gattung angelegt waren, ging er überall dort eigene Wege, wo ihm – aus welchem Grunde auch immer – eine andere Möglichkeit als die bessere erschien oder auch nur geläufiger war« (S. 169 Anm. 26).

Daß in Deutschland noch das ganze Mittelalter hindurch eine Nibelungenüberlieferung neben dem ›Nibelungenlied‹ lebendig gewesen ist, steht außer Zweifel. Wir sahen es am Beispiel der Ermordung des Etzelsohnes: da taucht eine Version, die älter ist als das ›Nibelungenlied‹, in diesem aber nicht aufgegriffen wurde, dreihundert Jahre später in der ›Heldenbuch-Prosa‹ wieder auf (vgl. S. 40 f.). Diese Nebenüberlieferung muß im wesentlichen eine mündliche gewesen sein – wir haben jedenfalls keinen Grund zu der Vermutung, daß es außer dem ›Nibelungenlied‹ in nennenswertem Umfang schriftliche Nibelungendichtung gegeben hat. Man wird annehmen dürfen, daß die Nebenüberlieferung zu einem guten Teil in Liedern bestanden hat, muß sich aber darüber im klaren sein, daß sich über deren Gestalt so gut wie nichts ermitteln läßt und daß, in einem strengen Sinne, noch nicht einmal ihre Existenz zu beweisen ist. Zwar besitzen wir ein Lied vom ›Hürnen Seyfrid‹ (»Siegfried mit der hörnernen Haut«) mit z. T. sehr alten Sagenmotiven, die im ›Nibelungenlied‹ fehlen, aber in nordischen Texten bezeugt sind – doch ist es erst in Drucken des 16. und 17. Jahrhunderts überliefert und erlaubt keine sicheren Rückschlüsse auf ältere Fassungen. Unbrauchbar ist auch das Zeugnis einer Strophe des Lied- und Spruchdichters Marner aus dem 13. Jahrhundert, auf das gewöhnlich viel Gewicht gelegt wird. Der Dichter nennt da eine Reihe von Hörerwünschen, die man ihm bei seinen Auftritten vorzutragen pflege, darunter *wen Kriemhilt verriet, Sigfrides... tôt* und *der Nibelunge hort* (Der Marner, hg. von Philipp Strauch [Quellen und Forschungen zur Sprach- und Culturgeschichte der germanischen Völker. 14], Straßburg 1876, XV 14). Daß es sich dabei um Lieder aus der mündlichen Nebenüberlieferung handelt, ist in keiner Weise gesagt: wenn die Wünsche der Hörer, die der Marner als unangebracht zurückweist, überhaupt auf bestimmte Texte und nicht bloß auf Stoffe bzw. Themen zielen, können genausogut beliebte Partien aus dem ›Nibelungenlied‹ selbst gemeint sein (vorzüglich ließe sich etwa eine Erzählung vom Hort herauslösen: Hagens Bericht, Str. 87–99).

Wie dem auch sei: es hat eine mündliche Nebenüberlieferung gegeben, und diese hat in der Tat nachweislich auf die Überlieferung des ›Nibelungenliedes‹ eingewirkt. Von den Fällen mutmaßlicher Motivübernahme aus der Nebenüberlieferung (»Sondergut«), die Brackert selbst angeführt hat, ist allerdings keiner im Sinne seiner These überzeugend. Ein Beispiel ist die Szene, in der Gunther an der Quelle trinkt, an der dann Siegfried ermodert wird (Brackert S. 141 f.). Sie ist in der aus den Handschriften A und B zu erschließenden Fassung (*AB) so dargestellt (979, 2 ff.):

> Gunther sich dô neicte nider zuo der fluot.
> als er het' getrunken, dô riht er sich von dan.
> alsam het ouch gerne der küene Sîfrît getân.

(»Gunther beugte sich zu der Quelle hinab. Als er getrunken hatte, richtete er sich auf und trat beiseite. Der kühne Siegfried war begierig, das gleiche zu tun«). In der von der Handschrift C repräsentierten Fassung (*C) heißt es hingegen (*C 988,2 ff.):

> Gunther sich dô legete nider zuo der fluot:
> daz wazzer mit dem munde er von der fluote nam.
> si gedâhten, daz ouch Sîvrit nâch im müese tuon alsam.

(»Gunther legte sich nieder zu der Quelle: mit dem Mund nahm er das Wasser aus der Quelle. Sie dachten, daß Siegfried nach ihm dasselbe tun würde«). Mit der *C-Fassung vergleicht Brackert die ›Thidrekssaga‹ (Bertelsen [vgl. S. 37], Bd. 2, S. 266): oc þa koma þaeir þar sem flytr aeinn baeckr oc Gunnarr konungr slaer ser niðr oc draekkr oc adrum megom hans broðir haugni oc þa kemr at Sigurðr svaeinn oc slaezt þaegar niðr at baeckinom sem aðrer þaeir (Erichsen [vgl. S. 37] S. 375: »Dann kamen sie an einen Bach, und König Gunnar warf sich nieder und trank, und sein Bruder Högni auf der andern Seite. Nun kam auch Jung-Sigurd herzu, warf sich wie die andern nieder und trank«). Brackert nimmt an, daß die Fassung von *C unter Rückgriff auf Nebenüberlieferung, wie sie für uns in der ›Thidrekssaga‹ greifbar wird, entstanden sei: daher stamme die Vorstellung, daß der König im Liegen trinkt; dies sei unhöfischer als die Vorstellung der Fassung *AB, in der Gunther sich über die Quelle beugt: da trinke er »natürlich aus der hohlen Hand«; da nun aber *C sonst gerade dazu neigt, Unhöfisches zu tilgen oder zu mildern, könne *C hier nicht auf den *AB-Text zurückgehen. Daß diese Argumentation nicht schlüssig ist, hat Joachim Bumke gezeigt (Rez. Brackert [vgl. S. 116] S. 434 f.): Die Fassung *AB läßt nicht erkennen, daß Gunther aus der hohlen Hand trinkt, und die ›Thidrekssaga‹ nicht, daß er das Wasser wie in *C direkt mit dem Mund aufnimmt; und selbst wenn das so wäre und Fassung *C und ›Thidrekssaga‹ gemeinsam ein altes Motiv bezeugten, brauchte es in *C nicht aus Nebenüberlieferungen genommen zu sein, sondern könnte auch aus dem Original des ›Nibelungenliedes‹ stammen und in *AB geändert sein. So also ist »Sondergut« nicht nachzuweisen. Wenn man es studieren will, muß man Handschriften des 14. und 15. Jahrhunderts zu Rate ziehen.

Die Handschrift m aus der Mitte oder der zweiten Hälfte des 14. Jahrhunderts (Hessische Landes- und Hochschulbibliothek Darmstadt, Hs. 3249), das sog. »Darmstädter Aventiurenverzeichnis«, bietet ein Verzeichnis der ersten 28 Erzählabschnitte (»Aventiuren«: vgl. S. 79 f.). Der dazugehörige Text ist leider nicht erhalten, doch kann man den Überschriften entnehmen, daß er eine Fassung des ›Nibelungenliedes‹ bot, in die Erzählungen von Siegfrieds Jugendtaten und von einer Entführung Kriemhilds durch einen Drachen und ihrer Befreiung durch Siegfried eingebaut waren, wie sie uns im Lied vom ›Hürnen Seyfrid‹ vorliegen. Die zweite Darmstädter Handschrift aus der Mitte des 15. Jahrhunderts (Hs. 4257): n enthält den zweiten Teil des ›Nibelungenliedes‹, dem ein Resümee des ersten in 20 Strophen vorangestellt ist. Auch in diesem Resümee spielt die Rettung Kriemhilds durch Siegfried eine Rolle: sie rechtfertigt ihre Liebe zu ihm damit, daß er sie von dem Drachen befreit habe. Schließlich die Handschrift k vom Ende des 15. Jahrhunderts, nach ihrem ersten Besitzer »Lienhart Scheubels Heldenbuch« oder nach ihrem Fundort, dem Piaristenkloster in Wien, »Piaristenhandschrift« genannt (Österreichische Nationalbibliothek Wien, Ms. 15478): in der von ihr überlieferten spätmittelalterlichen Bearbeitung des ›Nibelungenliedes‹ trägt der Vater Kriemhilds und ihrer Brüder den alten »echten« Namen *Gibich* (vgl. S. 22).

Diese Befunde beweisen nun freilich keineswegs die Richtigkeit von Brackerts These, sie sprechen eher gegen sie. Sie zeigen nämlich, daß Einschuß von Nebenüberlieferung nicht der Regelfall ist, wie Brackert meinte, sondern die Ausnahme, mit der offenbar dann gerechnet werden muß, wenn der Text ohnehin einer tiefergehenden Neubearbeitung unterzogen wurde – wie dies, soweit wir es beurteilen können, bei m, n und k der Fall ist. Charakteristisch und auffallend an der Überlieferung des ›Nibelungenliedes‹ ist gerade nicht, daß auf Nebenüberlieferung zurückgegriffen wurde, sondern daß das nur selten und ausnahmsweise geschah. »Wir müssen daraus schließen, daß nach dem entscheidenden Schritt von mündlicher Sagen- und Liedtradition zur Buchdichtung die mündliche und die schriftliche Überlieferung des Nibelungenstoffes im wesentlichen getrennt voneinander verliefen. Von der ›Freiheit der Redaktoren‹ haben die Schreiber der späteren Handschriften wenig Gebrauch gemacht; sie haben den schriftlich fixierten Text jahrhundertelang in erstaunlicher Geschlossenheit weitergegeben« (Joachim Bumke, Rez. Brackert [vgl. S. 116] S. 435 f.).

Diesen schriftlich fixierten Text, auf den die gesamte Überlieferung letztlich zurückgeht, dürfen wir getrost als »Original« ansprechen in dem Sinne, daß es sich um ein geschlossenes Buchwerk individueller Prägung handelt. Inwieweit wir in der Lage sind, dessen Individualität und Originalität – und das heißt auch: die Leistung seines Dichters – zu erkennen, ist allerdings fraglich (wir werden darauf zurückkommen). Und sicher ist, daß wir keine Chance haben, dieses Original oder auch nur die Fassung einer von ihm zu unterscheidenden Stammhandschrift der Überlieferung (des »Archetypus«) in der ursprünglichen Gestalt wiederzugewinnen: das haben Brackerts Überlegungen klar gezeigt. Nach dem heutigen Stand der Dinge können wir nicht einmal mit hinreichender Gewißheit sagen, ob der A-Text oder der B-Text dem Original nähersteht. Auch in der Fassung *C kann sich gegen *AB allenthalben Ursprüngliches erhalten haben, doch ist man sich weithin darüber einig, daß diese Fassung als ganze eine Bearbeitung darstellt.

Die Bearbeitung *C

Die Bearbeitung wird auch als *liet*-Fassung bezeichnet und dem von *AB repräsentierten Text als der *nôt*-Fassung gegenübergestellt. Dieser Sprachgebrauch bezieht sich auf die jeweilige Formulierung des letzten Verses der letzten Strophe: *daz ist der Nibelunge liet* (»das ist das Lied von den Nibelungen«) in *C gegenüber: *daz ist der Nibelunge nôt* (»das ist der Untergang der Nibelungen«) in *AB. Die Neugestaltung scheint freilich nicht auf *AB aufzubauen, sondern direkt auf dem Archetypus (jener Stammhandschrift der gesamten Überlieferung also, die wir vom Original unterscheiden müssen): so erklärt es sich, daß, wie gesagt, auch *C gegen das Zeugnis von *AB ursprünglichen Text bieten kann. Strenggenommen läßt sich unter diesen Umständen überhaupt nicht nachweisen, daß *C eine sekundäre Fassung ist, weil man ja im Prinzip nie sicher sein kann, ob man es nicht doch mit dem Grundtext zu tun hat (und tatsächlich ist bis in die jüngste Zeit immer wieder die Ansicht vertreten worden, die *liet*-Fassung repräsentiere als ganze den ursprünglichen Text, aus dem die *nôt*-

Fassung abgeleitet worden sei). Doch haben die auffälligen Beson- derheiten von *C so ausgeprägt den Charakter von Neuerungen, daß kaum zweifelhaft sein kann, daß es sich um eine Bearbeitung handelt: der Bearbeiter hat den Text formal und sprachlich moder- nisiert; er hat ihn inhaltlich ergänzt und verbessert, und er hat, vor allem, das schreckliche Geschehen unter moralischem Ge- sichtspunkt interpretiert.

Die Interpretation läuft darauf hinaus, daß Hagen als der Urhe- ber allen Übels hingestellt wird, als gemeiner und schäbiger Mör- der, Kriemhild aber als sein unschuldiges Opfer: als Leidende und Liebende, deren Handeln, so furchtbare Folgen es zeitigt, doch allein von der allerchristlichsten Tugend der *triuwe* geleitet ist: der treuen Liebe zu Siegfried, ihrem ersten Mann. Der Bearbeiter hat dem Text diese Sicht der Dinge eingeschrieben, indem er zum einen Hagen verurteilte und belastete, zum anderen Kriemhild exkulpierte.

So wird Hagen z. B. wiederholt *ungetriuwe*, »treulos« genannt, wo die *nôt*-Fassung eine neutrale Aussage bietet. Man vergleiche etwa 903,1 (Hagen rät Kriemhild heimtückisch, auf Siegfrieds Gewand das verhängnisvolle Kreuzchen zu sticken):

> *Dô sprach von Tronege Hagene:*   ›*ûf daz sîn gewant*
> *naet ir ein kleinez zeichen...*‹

mit der entsprechenden Zeile *C 910,1:

> *Dô sprach der ungetriuwe:*   ›*ûf daz sîn gewant*
> *naet ir ein kleinez zeichen...*‹

oder 984,4 (Hagen kann einem Angriff des sterbenden Siegfried nicht entgehen):

> *done kunde im niht entrinnen*   *des künic Guntheres man*

mit *C 993,4:

> *dône kunde im niht entrinnen*   *der vil ungetriuwe man*

oder 1001,1 (Hagen erklärt sich bereit, die Leiche Siegfrieds nach Worms zu bringen):

dô sprach von Tronege Hagene: ›*ich bring' in in daz lant…*‹

mit *C 1012,1:

Dô sprach der ungetriuwe: ›*ich füeren in daz lant…*‹

Die Kennzeichnung findet sich auch in zwei gänzlich umgestalteten Versen, in denen erklärt wird, weshalb Hagen den burgundischen Königen geraten hat, sich mit der trauernden Witwe zu versöhnen (*C 1127,3 f.):

durch des hordes liebe   *was der rât getân;*
dar umbe riet die suone   *der vil ungetriuwe man.*

(»Aus Begehrlichkeit nach dem Schatz war der Rat gegeben worden; deshalb hatte der treulose Mann zur Versöhnung geraten«). Die Linie wird fortgesetzt in einer Zusatzstrophe, in der der Kaplan, den Hagen bei der Überfahrt über die Donau ins Wasser geworfen hatte, diesen einen »treulosen Mörder« (*C 1621,3: *morder ungetriuwer*) nennt. Den Höhepunkt der moralischen Abqualifizierung Hagens, die sich über diese Beispielreihe hinaus breit belegen ließe, bringt die Schlußszene: wir kommen darauf zurück.

Es wird dann auch Gelegenheit sein, die Strategie der Exkulpierung Kriemhilds zu studieren, die wir deshalb an dieser Stelle nur mit zwei Beispielen illustrieren wollen. Das eine betrifft jene Irrläuferstrophe 1912, derzufolge Kriemhild ihr Kind für ihre Rache opfert (vgl. S. 41 f.). Diese Strophe mußte dem Bearbeiter nicht nur wegen seiner positiven Einschätzung Kriemhilds gegen den Strich gehen, sondern auch wegen des Widerspruchs, den sie in den Text bringt (er hat sich bemüht, solche Widersprüche zu tilgen). So hat er die Strophe gänzlich umformuliert (*C 1963):

> *Dô die fürsten gesezzen   wâren überal*
> *und nu begunden ezzen,   dô wart in den sal*
> *getragen zuo den fürsten   daz Ezelen kint.*
> *dâ von der künec rîche   gewan vil starken jâmer sint.*

(»Als die Fürsten alle Platz genommen hatten und mit dem Essen begannen, da wurde Etzels Kind zu ihnen in den Saal getragen. Das sollte dem mächtigen König später großes Leid bringen«). Als zweites Beispiel sei eine Zusatzstrophe genannt, in der versichert wird, daß Kriemhild das große Blutvergießen nicht gewünscht hat (*C 2143):

> *Sine het der grôzen slahte   alsô niht gedâht.*
> *si het es in ir ahte   vil gerne dar zuo brâht,*
> *daz niwan Hagen aleine   den lîp dâ hete lân.*
> *dô geschuof der übel tiufel,   deiz über si alle muose gân.*

(»Es war nicht ihre Absicht gewesen, daß es zu einem solchen Gemetzel kommen sollte. Sie hatte es so einrichten wollen, daß allein Hagen umgekommen wäre. Da machte der böse Teufel, daß es sie alle traf«).

Mit all seinen Neuerungen, den formalen wie den inhaltlichen, ist der Bearbeiter nicht völlig konsequent verfahren: er hat manches unverändert gelassen, was er hätte verändern sollen, und sogar Änderungen eingeführt, die mit seinem Bearbeitungswillen, wie wir ihn im ganzen zweifelsfrei ausmachen können, nicht in Einklang stehen. Dem Erfolg seines Werks ist das nicht abträglich gewesen. Die Bearbeitung, die dem älteren Text in sehr kurzem Abstand gefolgt sein muß, scheint diesen zunächst für Jahrzehnte verdrängt zu haben: das Zitat in Wolfram von Eschenbachs ›Parzival‹ (vgl. S. 47) bezieht sich sehr wahrscheinlich auf sie, und die älteste Überlieferung (mit der Handschrift C selbst) bietet ihren Text. Die erhaltene Überlieferung der *nôt*-Fassung steht dann durchweg unter ihrem Einfluß: wir kennen keine Handschrift des ›Nibelungenliedes‹, deren Text nicht irgendwie von der Bearbei-

tung berührt wäre – bezeichnend ist, daß wir aus der Schreib-
werkstatt, in der die Handschrift B angefertigt wurde, auch eine
* C-Handschrift besitzen, die von einem der B-Schreiber geschrie-
ben ist (Fragment E).

III
DAS PROBLEM DER
TEXTKONSTITUIERUNG

Der Dichter des ›Nibelungenliedes‹ war kein Originalgenie. Er hatte sich dem vorgegebenen Stoff mit seinem Traditionspotential und seinem Anspruch auf Verbindlichkeit als Vorzeitkunde zu beugen, ihn als eine objektive Größe zu nehmen, die er im wesentlichen bloß »vorführen« konnte (Max Wehrli, Literatur im deutschen Mittelalter, Stuttgart 1984, S. 102). Im Prinzip teilte er diese Gebundenheit mit seinen Kollegen, die lateinische oder französische Werke zu bearbeiten hatten. Anders als sie konnte er indes nicht auf eine geschlossene schriftliche Vorlage zurückgreifen, sondern mußte sich mit einer weitgehend oder gar ausschließlich mündlichen Überlieferung auseinandersetzen, die vielgestaltig und widersprüchlich war. Seine Aufgabe bestand darin, aus dieser Überlieferung einen literarischen Text zu konstituieren, sie mittels der Erzähltechniken, Erzählmodelle, Deutungsmuster, die in der literarischen Tradition ausgebildet waren, in diese einzuformen. Er hat sich nach Kräften bemüht, diese Aufgabe zu lösen – gelungen ist es ihm trotz aller Kunst am Ende nicht: »Das Nibelungenlied als Erzähleinheit ist bis an die Einzelstrophen heran nicht so zusammengebaut, daß alle Teile oder gar ihre Glieder durch das Ganze hindurch bis ins Einzelne aufeinander bezogen werden können . . . Bei aller meisterhaften Geschlossenheit, die aus Vorlagen heraus durch vorausschauendes Ordnen erreicht wird, betreten wir in ihm ein Sprachfeld, das an Sprüngen, Faltungen und Unebenheiten mannigfacher Art überreich genug ist . . .« (Friedrich Neumann, Das Nibelungenlied in seiner Zeit [vgl. S. 117], S. 150). Wer diese Widersprüche und Inkonsequenzen im Textgefüge bagatellisiert oder gar ignoriert, läuft Gefahr, das Eigentümliche der Dichtung zu verfehlen: ihre einzigartige Stellung zwischen Schriftlichkeit und Mündlichkeit, die ihren historischen Zeugniswert ausmacht (und, wenn man so will, auch ihre historische Würde). Drei Beispiele sollen zeigen, was gemeint ist.

Die Hortforderung

Als Kriemhild nach den fürchterlichen Kämpfen am Etzelhof, die sie in Gang gesetzt und in Gang gehalten hatte, um an Hagen die Ermordung Siegfrieds zu rächen, den Erzfeind endlich in ihrer Gewalt hat, kommt es zu einem der gräßlichsten Auftritte des Liedes (2367 ff.). Kriemhild begibt sich zu Hagen, den sie gefesselt in Gewahrsam hält, und schlägt ihm ein Tauschgeschäft vor (2367,3 f.):

> ›welt ir mir geben widere,   daz ir mir habt genomen,
> sô muget ir noch wol lebende   heim zen Burgonden komen.‹

(»»Wenn ihr mir zurückgebt, was ihr mir genommen habt, dann könnt ihr noch lebendig heim nach Burgund kommen««). Hagen lehnt ab (2368):

> . . .   ›diu rede ist gar verlorn,
> vil edeliu küneginne.   jâ hân ich des gesworn,
> daz ich den hort iht zeige,   die wîle daz si leben,
> deheiner mîner herren,   sô sol ich in niemene geben.‹

(›»Ihr redet vergeblich, hohe Königin. Ich habe geschworen, daß ich den Hort nicht zeige, solange einer meiner Herren lebt – solange werde ich ihn niemandem geben««). Das ist auf Gunther gemünzt, den letzten der drei burgundischen Könige, der sich ebenfalls gefesselt in der Gewalt Kriemhilds befindet. Diese zögert nicht, ihn, ihren Bruder, enthaupten zu lassen, tritt mit dem abgeschlagenen Kopf erneut vor Hagen – und muß sich sagen lassen, daß der Mord umsonst war (2370,3 ff.):

›du hâst iz nâch dînem willen   z'einem ende brâht,
und ist ouch rehte ergangen,   als ich mir hête gedâht.

Nu ist von Burgonden   der edel künec tôt,
Gîselher der junge   unde ouch her Gêrnôt.
den schaz den weiz nu niemen   wan got unde mîn:
der sol dich, vâlandinne,   immer wol verholn sîn.‹

Si sprach: ›sô habt ir übele   geltes mich gewert.
sô wil ich doch behalten   daz Sîfrides swert.
daz truoc mîn holder vriedel,   dô ich in jungest sach,
an dem mir herzeleide   von iuwern schulden geschach.‹

Si zôh iz von der scheiden,   daz kund er niht erwern.
dô dâhte si den recken   des lîbes wol behern.
si huob ez mit ir handen,   daz houpt si im ab sluoc.

(»›Du hast es nach deinem Willen an ein Ende gebracht, und es ist auch so gekommen, wie ich es mir dachte. Jetzt ist der hohe König von Burgund tot und Giselher, der Junge, und auch Herr Gernot. Das Versteck des Schatzes kennt jetzt keiner außer Gott und mir. Dir wird es, Teufelin, für alle Zeit verborgen sein.‹ Sie sagte: ›So habt ihr übel beglichen, was ihr mir schuldig wart. Doch will ich Siegfrieds Schwert für mich behalten. Das trug mein süßer Geliebter, als ich ihn zum letzen Mal sah, an dem mir furchtbares Leid von euch geschehen ist.‹ Sie zog es aus der Scheide, das konnte er nicht verhindern. Da wollte sie dem Helden das Leben nehmen. Sie hob es hoch mit beiden Händen, das Haupt schlug sie ihm ab«).

Man sieht leicht, daß die Szene ihren angestammten Platz in der ursprünglichen Version der Rachefabel hat: die Rolle, die Kriemhild hier spielt, ist eigentlich die des Hunnenkönigs, wie wir sie aus der ›Atlakviða‹ kennen (vgl. S. 33 f.). So unverzichtbar für die Logik des Handlungszusammenhangs sie dort ist, so unlogisch nimmt sie sich im ›Nibelungenlied‹ aus. Sobald im Laufe der Sagengeschichte an die Stelle der Goldgier des Hunnenkönigs der Rachewille der Frau als Movens der verräterischen Einladung trat, verlor die Hortforderung ihren Sinn. Indem er sie beibehielt oder wieder aufgriff, belastete der Dichter des ›Nibelungenliedes‹ seine Erzählung mit beträchtlichen Ungereimtheiten: Kriemhild, die über lange Jahre nur dem Gedanken an Rache für die Ermordung Siegfrieds gelebt und in einer Orgie von Blutvergießen nichts anderes als Hagens Tod angestrebt hatte, soll nun auf einmal bereit sein, den verhaßten Mörder ihres geliebten Mannes gegen Herausgabe des Hortes zu begnadigen; und Hagen, der Treue, in der Not der Kämpfe die Seele des burgundischen Widerstands, soll nun auf einmal Anstifter der grauenvollen Ermordung seines Herrn sein.

Die Traditionsmächtigkeit der Szene war offenbar so groß, daß der Dichter nicht auf sie verzichten konnte oder wollte, obwohl sie den Erzählzusammenhang seines Buchepos empfindlich stören mußte. Daß er sich des Problems bewußt war, kann man daraus ersehen, daß er sich bemüht hat, den Schaden zu begrenzen, und zwar mit einer spezifisch literarischen, buchepischen Technik: der Technik, ein Handlungselement von langer Hand motivierend vorzubereiten.

Im Anschluß an den Bericht von der Versenkung des Hortes im Rhein wird die Information nachgetragen (1140):

> Ê daz von Tronege Hagene   den schaz alsô verbarc,
> dô heten siz gevestent   mit eiden alsô starc,
> daz er verholn waere,   unz ir einer möhte leben.
> sît enkunden sis in selben   noch ander niemen gegeben.

(»Bevor Hagen von Tronje den Schatz auf diese Weise versteckte, hatten sie mit starken Eiden beschworen, daß er verborgen sein sollte, solange einer von ihnen lebte. Später hatten sie weder selber Nutzen von ihm, noch konnten sie einem anderen etwas von ihm geben«). Hans Kuhn hat (NuK S. 344) gezeigt, daß »der Eid und sein Inhalt« an dieser Stelle höchst mangelhaft motiviert sind und nur verständlich werden, wenn man annimmt, daß der Dichter des ›Nibelungenliedes‹ sie »ganz und gar auf die Hortforderungsszene am Schluß des Epos zugeschnitten und nur für sie erfunden« hat. Entscheidendes gewinnen konnte er damit nicht. Zwar kommt Hagens Antwort im letzten Wortgefecht mit Kriemhild nun nicht mehr völlig unvorbereitet, aber der »Widersinn«, daß »der angeblich treueste Vasall« unversehens »schuld am Tode seines Herrn wird«, ist damit nicht aus der Welt geschafft.

Ein Weiteres kommt hinzu. Es gibt im Lied noch eine andere Hortforderungsszene, von der bereits die Rede war (S. 37f.): gleich nach der Ankunft der Burgunden am Etzelhof fragt Kriemhild Hagen mit den ersten Worten, die sie an ihn richtet (1739ff.), nach dem Hort und erhält eine schroffe Abfuhr. Auch da verweist Hagen darauf, daß der Schatz versteckt wurde, sagt aber kein Wort von dem verhängnisvollen Eid (1742):

>Entriuwen, mîn vrou Kriemhilt,   des ist vil manec tac,
daz ich hort der Nibelunge   niene gepflac.
den hiezen mîne herren   senken in den Rîn,
dâ muoz er waerlîche   unz an daz jungeste sîn.<

(»>Wahrlich, Herrin Kriemhild, das ist lange her, daß ich über den Nibelungenhort verfügte. Den ließen meine Herren im Rhein versenken, da wird er gewiß bis ans Ende aller Tage bleiben<«). Die Antwort, die Hagen hier gibt, unterstreicht die epische Nutzlosigkeit des Eidmotivs, insofern sie deutlich macht, daß Hagen, wenn er die Hortforderung abweisen wollte, es gar nicht nötig hatte, sich auf den Eid zu berufen, daß er den Tod seines Herrn also ohne jede Not verursacht hat.

Die Betrugshandlung

Die Schwierigkeit, die widerständige, weil divergente Tradition in einen buchgemäßen, handlungslogisch stimmigen Zusammenhang zu bringen, besteht nicht nur bei Einzelszenen wie der eben behandelten, sondern auch bei ganzen Szenenfolgen. Das Paradebeispiel ist die Betrugshandlung im ersten Teil.

Als sich die Brautwerber mit ihrem Schiff Brünhilds Burg Isenstein auf Sichtweite genähert haben, schlägt Siegfried jenes seltsame Täuschungsmanöver vor (386):

> ›Sô wir die minneclîchen   bî ir gesinde sehen,
> sô sult ir, helde maere,   wan einer rede jehen:
> Gunther sî mîn herre,   und ich sî sîn man.
> des er dâ hât gedingen,   daz wirt allez getân.‹

(»Wenn wir die Schöne [Brünhild] mit ihrem Gefolge sehen, dann sollt ihr, hochberühmte Helden, einmütig sagen: Gunther sei mein Herr und ich sei sein Vasall. Was er sich erhofft, das wird alles getan«). Noch bevor es zur Begegnung mit Brünhild kommt, demonstriert Siegfried diese fiktive Unterordnung: vor den Burgbewohnerinnen, die neugierig aus den Fenstern sehen, führt er Gunthers Pferd aus dem Schiff und hält es, bis der König aufgestiegen ist. Was Siegfried da tut, ist eine Rechtshandlung: der Steigbügeldienst, das *officium stratoris et strepae*, ist Vasallenpflicht (er wird als solche etwa in den lehnrechtlichen Bestimmungen des ›Sachsenspiegels‹ erwähnt). Den Zuschauerinnen, unter denen man sich auch Brünhild zu denken hat, wird dadurch gewissermaßen pantomimisch bedeutet, Siegfried sei Gunthers Vasall. Merkwürdigerweise geht die Pantomime ins Leere: als Brünhild die Werber empfängt, begrüßt sie zuerst Siegfried als den vermeintlich Vornehmsten und muß sich von ihm sagen lassen, der Vorrang gebühre Gunther. Was mit der Unterordnungsfiktion bezweckt wird, bleibt rätselhaft: nach dem, was bis dahin erzählt worden war, ist in keiner Weise einzusehen, weshalb Gunthers Werbung und der eigentliche Werbungsbetrug – Siegfrieds heimliche Hilfe bei den Kampfspielen – nicht auch ohne sie erfolgreich sein sollte. So unverständlich sie aber im Rahmen des Werbungsunternehmens bleibt, so wichtig ist die Fiktion für den weiteren Verlauf der Geschichte. Brünhild empfindet es als Schmach für die Königsfamilie, daß ihre Schwägerin mit einem nachgeordneten Mann verheiratet wird (wobei sie Siegfried nicht als Vasallen betrachtet, sondern – in eklatantem Gegensatz zu dem, was sie auf Isenstein gesehen und gehört hat – als Leibeigenen, was die rechtliche und gesellschaftliche Kluft vertieft: diese Verschiebung, die ein Interpretationsproblem ersten Ranges ist, soll uns hier nicht weiter beunruhigen). Sie bricht in Tränen aus, als sie die Neuvermählten auf dem Ehrenplatz an der Tafel sitzen sieht (618ff.); sie scheint zu ahnen, daß da etwas nicht mit rechten Dingen zugegangen ist (635,3f.); und daß Kriemhild als Königin den Kopf so hoch trägt und Siegfried dem Wormser Hof keinerlei Dienst leistet, beunruhigt sie tief und veranlaßt sie, Gunther zu bitten, die beiden einzuladen (724ff.). Im großen Streitgespräch mit Kriemhild, das den Stein ins Rollen bringt (814ff.), besteht sie dann mit allem Nachdruck auf der Unterordnung Siegfrieds unter Gunther, und man sollte meinen, der Betrug werde nun ans Licht gebracht. Überraschenderweise geschieht das nicht. Kriemhild – der es ein leichtes hätte sein müssen, die Fiktion aufzudecken – verlagert vielmehr den Akzent vom Vergleich der Männer auf den Vergleich der Frauen und kann sich beim Zusammentreffen mit Brünhild vor dem Münster durchsetzen, indem sie den Betrug im Brautbett ins Spiel bringt. Doch wird auch dieser Betrug nicht aufgedeckt, denn was Kriemhild behauptet: daß Siegfried Brünhilds erster Mann gewesen sei (839ff., 847ff.), ist ja nicht wahr. Und der Hauptbetrug: die Täuschung Brünhilds bei den Kampfspielen kommt überhaupt nicht zur Sprache. Verworrener, unlogischer geht es kaum.

Auch hier liefern die nordischen Versionen den Schlüssel zum Verständnis. Nehmen wir zunächst die ›Thidrekssaga‹. Sie erzählt, daß Sigurd (Siegfried) schon früher einmal bei Brünhild gewesen war und ihr geschworen hatte, keine andere zur Frau zu nehmen als sie. Sigurd bricht diesen Eid, indem er Grimhild heiratet, rät aber Gunnar, seinerseits um Brünhild zu werben. Gunnar folgt diesem Rat und begibt sich, begleitet von Thidrek, Högni und Sigurd, zu Brünhild. Die weiß schon, daß Sigurd eine andere geheiratet hat, und behandelt ihn entsprechend ungnädig. Er erklärt ihr, Grimhild sei ihm deshalb lieber gewesen, weil sie einen Bruder habe. Brünhild akzeptiert Gunnars Werbung, widersetzt sich ihm aber in der Hochzeitsnacht, ringt ihn nieder und hängt ihn an den Nagel. Von Sigurd erfährt Gunnar, daß sie über ungeheure Kräfte verfügt, solange sie Jungfrau ist. Sigurd verspricht, ihm zu helfen, schleicht sich in den Kleidern des Schwagers in das Schlafgemach, ergreift Brünhild und nimmt ihr rasch die Jungfernschaft. Der Betrug bleibt unbemerkt, und Sigurd und seine Schwäger herrschen einträchtig im Niflungenland. Eines Tages aber kommt es zum Streit zwischen den Königinnen. Als Brünhild die Königshalle betritt, in der Grimhild und andere Leute sich aufhalten, fragt sie die Schwägerin, warum sie nicht vor ihr aufstehe. Grimhild besteht auf ihrer Ebenbürtigkeit, doch Brünhild hält ihr vor: sie solle hinter Sigurd her in die Wälder laufen und die Pfade der Hindin ausfindig machen – das stehe ihr besser an, als sich im Niflungenland als Königin aufzuspielen. Die Schelte zielt auf Sigurds unstandesgemäße Jugend: als Säugling im Wald ausgesetzt, war er von einer Hindin großgezogen worden und bei dem Schmied Mime aufgewachsen. Im Gegenzug fragt Grimhild Brünhild, wer ihr erster Mann gewesen sei, und als diese antwortete: Gunnar, trumpft sie auf, indem sie den Betrug im Brautbett aufdeckt und zum Beweis einen Ring vorzeigt, den Sigurd damals Brünhild abgenommen hatte.

Eine Version der Sage, die die Geschichte so oder ähnlich erzählte, scheint sich auch im ›Nibelungenlied‹ abzuzeichnen: man meint, den Faden der Erzählung von Anfang bis Ende aus dem Motivgewebe herauslösen zu können. Man faßt ihn zuerst in den wiederholten Hinweisen darauf, daß Siegfried den Weg nach Island weiß und sich dort vorzüglich auskennt (vor allem 378, 382, 384); dann in der Begrüßung Siegfrieds durch Brünhild und darin, daß Siegfried Brünhild erklären muß, warum nicht er der Werber ist; weiter im Bettbetrug; und schließlich im zweiten Teil des Streits der Königinnen: in den Auftritten vor dem Münster, in denen die Frauen öffentlich um ihren Vorrang streiten und der Hinweis auf den Bettbetrug die entscheidende Rolle spielt.

Übrig bleiben die Kampfspiele und der erste Teil des Rededuells, in dem die Frauen unter vier Augen über den Vorrang ihrer Männer streiten. Zwei andere nordische Texte deuten darauf hin, daß die beiden Komplexe traditionell eine Einheit bilden: die ›Völsungasaga‹ und die ›Snorra-Edda‹. Die ›Völsungasaga‹, wohl um die Mitte des 13. Jahrhunderts entstanden, gibt eine umfassende Erzählung der Nibelungensage im wesentlichen auf der Basis der ›Lieder-Edda‹, die wir nur zum Teil direkt heranziehen können, weil die (Haupt-)Handschrift, der Codex regius (die »königliche Handschrift«, so genannt nach dem früheren Aufbewahrungsort: der Königlichen Bibliothek zu Kopenhagen), im Bereich der Sigurd-Lieder eine größere Lücke aufweist. Die ›Snorra-Edda‹ ist eine Art Poetik, ein Lehrbuch der Dichtkunst, das um 1220 von dem Isländer Snorri Sturluson verfaßt wurde. Snorri gibt ausführliche Inhaltsangaben von und Zitate aus Liedern, die später in die Sammlung der ›Lieder-Edda‹ aufgenommen wurden. Sowohl in der ›Völsungasaga‹ als auch bei Snorri ist Brünhild nur durch eine heroische Leistung zu gewinnen: der Werber muß durch einen Flammenwall reiten, der ihre Halle umgibt. Da Gunnar dazu nicht in der Lage ist, tauschen er und Sigurd (durch Zauberei) die Gestalt. Sigurd besteht die Probe und wird von Brünhild für Gunnar gehalten; sie teilen das Lager, doch berührt Sigurd sie nicht, sondern legt sein Schwert zwischen sie; als er von ihr geht, tauschen sie zum Zeichen ihrer Verbindung Ringe aus. Dem entspricht in beiden Darstellungen die Anlage des Frauenstreits. Als die Schwägerinnen Brünhild und Gudrun (so heißt hier wieder Sigurds Frau) eines Tages ihr Haar im Fluß waschen, watet Brünhild weit ins Wasser hinein, indem sie erklärt, sie wolle an ihrem Kopf nicht das Wasser aus Gudruns Haar haben, denn sie habe den mutigeren Mann. Gudrun hält dem entgegen: in Wahrheit sei ihr Mann Sigurd der mutigere, denn er, nicht Gunnar, sei durch den Flammenwall geritten und ihr erster Mann gewesen. Und sie beweist das, indem sie den Ring vorzeigt, den Sigurd von Brünhild erhalten hatte.

Die Forschung hat den sagengeschichtlichen Zeugniswert der ›Thidrekssaga‹, der ›Völsungasaga‹ und der ›Snorra-Edda‹ im Vergleich miteinander und mit dem ›Nibelungenlied‹ unterschiedliche beurteilt. Bei allen Unklarheiten und Unwägbarkeiten im einzelnen spricht jedoch alles dafür, daß die nordischen Versionen zwei konkurrierende Überlieferungen bezeugen, die gekennzeichnet sind durch die Handlungskerne: »Betrug im Brautbett – Frauenstreit mit Frauenvergleich in der Öffentlichkeit« einerseits, »Betrug bei der Freierprobe – Frauenstreit mit Männervergleich unter vier Augen« andererseits. Und wenn dies zutrifft, dann kann auch nicht fraglich sein, daß die Motivierungsproblematik im ›Nibelungenlied‹ im wesentlichen darin begründet ist, daß dort der Versuch unternommen wurde, die beiden Überlieferungen zu kombinieren. Es wäre im einzelnen aufzuweisen, wie die Mißlichkeiten von Szene zu Szene sich ergeben haben (auf eine: die Nutzlosigkeit der Steigbügel-Pantomime kommen wir zurück). Hier genügt die Feststellung, daß es offenbar nicht möglich gewesen ist, die divergente Sagentradition bruchlos in einer Motivationsstruktur zusammenzubinden, wie sie das neue, schriftliche Medium erforderte. Der Dichter hat sich darum bemüht, eine solche Struktur von der Unterordnungsfiktion her zu organisieren, und ist damit gescheitert.

Die erste Strophe

In den beiden Beispielen ging es um die Frage der Handlungslogik. Die Problematik der Textkonstituierung erschöpft sich nicht darin. Sie betrifft auch die Frage einer Sinngebung des Textes im literarischen Traditionszusammenhang. Die erste Strophe der mutmaßlich ursprünglichen Fassung kann das veranschaulichen.

Die erste Strophe der mutmaßlich ursprünglichen Fassung: das ist nicht die berühmte Strophe: *Uns ist in alten maeren...*, die höchstwahrscheinlich aus der *C-Bearbeitung stammt, sondern die Strophe, die in den Ausgaben als zweite erscheint:

> Ez wuohs in Burgonden ein vil edel magedîn,
> daz in allen landen niht schoeners mohte sîn,
> Kriemhilt geheizen. si wart ein schoene wîp:
> dar umbe muosen degene vil verliesen den lîp.

(»In Burgund wuchs ein vornehmes Mädchen heran, das so schön war, daß in keinem Land ein schöneres hätte sein können, Kriemhild genannt. Sie wurde eine schöne Frau: deshalb mußten viele Helden das Leben verlieren«). Die Schönheit einer Frau führt zum Tod vieler Helden: das ist der Gedanke, den der Dichter des ›Nibelungenliedes‹ programmatisch an den Beginn seines Werkes gestellt hat. In der alten Tradition des Nibelungenstoffs hat er diesen Gedanken schwerlich gefunden. Er dürfte aus jener literarischen Sphäre stammen, in die er den Stoff zu transponieren hatte – es ist die Programm-Formel der Troja-Geschichte, der man in der gelehrt literarischen Tradition des Mittelalters auf Schritt und Tritt begegnen konnte, in prägnanter Zuspitzung z. B. in den Anfangsversen von Carmen Buranum 99 (Carmina Burana, hg. von Alfons Hilka und Otto Schumann, Bd. 1/2, Heidelberg 1941, S. 130):

> Superbi Paridis leve iudicium,
> Helene species amata nimium
> fit casus Troïe deponens Ilium

(»Das leichtfertige Urteil des stolzen Paris, Helenas allzusehr geliebte Schönheit verursacht den Fall Trojas, stürzt Ilion«) oder, mit z. T. ganz ähnlichen Wendungen wie in der ›Nibelungenlied‹-Strophe, im Eingang von Konrad von Würzburgs ›Trojanerkrieg‹ (Konrad von Würzburg, Der trojanische Krieg, hg. von Adelbert von Keller [Bibliothek des litterarischen Vereins in Stuttgart. 44], Stuttgart 1858, 312 ff.):

ich sag iu von den dingen,
wie daz vil keiserlîche wîp
Helêne manigen werden lîp
biz ûf den tôt versêrte,
und waz man bluotes rêrte,
daz durch si wart vergozzen.
ir clârheit was geflozzen
für alle frouwen ûz erkorn.
des wart vil manic lîp verlorn,
der von ir minne tôt gelac.

(»Ich erzähle euch davon, wie die kaiserliche Frau, Helena, viele edle Männer bis auf den Tod verletzte und was man Blut verströmte, das um ihretwillen vergossen wurde. Ihre Schönheit übertraf die aller Frauen. Deswegen kamen viele um, die wegen der Liebe, die sie verursachte, den Tod fanden«). Wenn nicht alles täuscht, dann hat der Dichter des ›Nibelungenliedes‹ also versucht, seinen Stoff mit Hilfe der Troja-Formel literarisch zu deuten, d. h. eine Verständnisperspektive für ihn zu öffnen, die ihn in der Welt der Literatur salonfähig machte.

Das Beispiel zeigt aber nicht nur, worauf es dem Dichter ankam, worin er seine Aufgabe sah und sehen mußte, es zeigt auch die Schwierigkeiten, mit denen er zu kämpfen hatte. Denn die Troja-Formel trägt nicht sehr weit. Zwar ist es Kriemhilds *unmâzen scoene* (45,1 u.ö.), ihre über alles Maß gehende Schönheit, die Siegfried und später Etzel veranlaßt, um sie zu werben, und sie ist damit die erste Voraussetzung für die Katastrophen, für Siegfrieds Tod und den Untergang der Burgunden. Doch ließ sich die Geschichte insgesamt nicht von diesem Gedanken her fassen, und es war auch gar nicht möglich, Kriemhild nach dem Bild der Helena zu stilisieren: d a s erlaubte der Stoff n i c h t . So werden die Erwartungen, die die Programmansage wecken mußte, notwendig enttäuscht.

IV
DIE KUNST DES DICHTERS

Der Dichter des ›Nibelungenliedes‹ befindet sich, was unser Urteil über ihn betrifft, in einer unglücklichen Lage: seine Grenzen liegen klar zutage, seine Leistung hingegen ist nicht ohne weiteres zu erkennen. Er ist verantwortlich für den Text, auf den die Überlieferung zurückgeht, und damit auch für all die künstlerischen Schwächen, die dieser Text aufweist – und zwar unabhängig davon, ob er sie selbst produziert oder aus der Tradition übernommen hat: im zweiten Falle halten wir ihm vor, daß er nicht in der Lage war, sie auszumerzen. Auf der anderen Seite dürfen wir ihm die künstlerischen Qualitäten des Werks nicht ebenso umstandslos gutschreiben, denn auch sie werden in beträchtlichem, für uns aber nicht genau bestimmbarem Umfang aus der Tradition stammen – und daß er sie bewahrt hat, das spricht selbstverständlich nicht im gleichen Maße für ihn, wie die Bewahrung der Mängel gegen ihn. Historische Fairneß gebietet es, im Zweifelsfall für den Dichter zu entscheiden, und so sprechen wir im folgenden von seiner Kunst, auch wenn wir nicht wissen können, inwieweit diese Kunst wirklich die seine ist. Sie umfassend zu würdigen, ginge über die Möglichkeiten dieser Einführung. Wir begnügen uns damit, einige markante Züge herauszuheben.

Das ›Nibelungenlied‹ beeindruckt den Hörer oder Leser zuerst durch seine Sprache, für die es in der Literatur der Zeit nichts Vergleichbares gibt. Eine Reihe von Beispielversen mag helfen, etwas von dem Stilkalkül zu verdeutlichen, das diese Sprache bestimmt:

> *dar umbe muosen degene*   *vil verliesen den lîp*

(2,4: »deshalb mußten viele Helden das Leben verlieren«),

> *dar umbe muosen helede*   *sît verliesen den lîp*

(328,4: »deshalb mußten Helden später das Leben verlieren«),

> *dar umbe muose der recke*   *dô verliesen den lîp*

(1908,4: »deshalb mußte der Held da das Leben verlieren«),

> *des muosen sider recken*   *verliesen den lîp*

(2155,2: »deshalb mußten später Helden das Leben verlieren«),

> *dâ von der guote Rüedegêr*   *sît muose vliesen den lîp*

(1696,4: »von dem [nämlich von dem Geschenk: dem Schwert, das er Gernot schenkt] der edle Rüdiger später das Leben verlieren mußte«).

Ein Sachverhalt: daß etwas dazu führt, daß Helden den Tod finden, wird quer durch das Werk wiederholt nahezu identisch ausgedrückt. N a h e z u identisch: denn ebenso auffällig wie die Übereinstimmungen sind die Variationen. Es verhält sich offenbar so, daß ein feststehendes Aussagegerüst jeweils unterschiedlich realisiert wird: Bezeichnung der Ursache bzw. des Mittels *(dar umbe, des, dâ von)* + Personenbezeichnung *(degene vil, helede, der recke, der guote Rüedegêr)* + *v(er)liesen den lîp*, dazu *muose(n)* und, fakultativ, die Zeitangabe *(sît, dô, sider)* entweder vor oder nach der Personenbezeichnung. Solche Formelhaftigkeit ist mit das wichtigste Charakteristikum des »Nibelungischen«, wie

Michael Curschmann treffend die besondere Sprache des Werks genannt hat. Es ist damit zu rechnen, daß in dieser Formelhaftigkeit der Stil der mündlichen Dichtungstradition nachlebt (vgl. S. 28 f.), allerdings in einer literarisierten, gewissermaßen verkünstlichten Form, »die durch eine weiterreichende Austauschtechnik eine sehr viel größere Flexibilität zeigt« (Burghart Wachinger, HSt S. 267/93). Konstitutiv für den neuen, literarischen Formelstil des ›Nibelungenliedes‹ ist nicht zuletzt die Form der Strophe, auf die hin die Formeln geprägt sind. So begünstigt etwa das Bestreben, die Formel dem Rahmen der Langzeile anzupassen, eine Neigung zur Verbreiterung des Ausdrucks (häufig, wie in unseren Beispielen, durch Umschreibung des Verbums mit *müezen*) und zur Verteilung der festen Bestandteile auf Anfang und Ende der Zeile (wie in den Beispielen ebenfalls gut zu beobachten).

Das Zusammenspiel von Strophe und Formel hat auch einen inhaltlichen Aspekt. Dem aufmerksamen Leser wird nicht entgangen sein, daß in unserer Beispielreihe die Formel, die auf ein schlimmes Ende des aktuellen Geschehens vorausweist, in vier der fünf Fälle im letzten Vers der Strophe steht. Solche formelhaften epischen Vorausdeutungen, die die einzelnen Strophen mit einer Art negativem Fazit abschließen, durchziehen das ganze Werk und stimmen die Erzählung von Anfang an auf einen dunklen Grundton. Erzähltechnisch bewirken sie, daß die formale Abrundung des Strophenkörpers durch den gelängten letzten Abvers von der Aussage unterstrichen wird und die Strophe sich scharf als geschlossene Sinneinheit heraushebt. Das unterstützt und akzentuiert den in der strophischen Form grundsätzlich angelegten und im ›Nibelungenlied‹ durchgehend zu beobachtenden Erzählduktus: ein eigenartig blockhaftes, ruckartiges Fortschreiten, in dem das Geschehen in eine Folge von isolierten Momenten zerlegt wird.

In die gleiche Richtung wirkt letztlich auch die Gliederung des Erzählzusammenhangs in 39 Aventiuren, kapitelartige Abschnitte, die wir wohl schon für das Original in Anspruch nehmen

dürfen (die Handschriften überliefern sie im wesentlichen über-
einstimmend, weichen aber in der Bezeichnung z. T. weit voneinander ab: die meisten verwenden Prosaüberschriften des
Typs: *Aventiure wie Rüedeger erslagen wart*, die vielleicht vom
*C-Bearbeiter eingeführt wurden). Die Gliederung steht als
ganze offenbar im Dienst der Proportionierung der zweiteiligen
Großstruktur des Werks: der erste Teil umfaßt 19, der zweite Teil
20 Aventiuren, und beide Teile haben annähernd den gleichen
Umfang, obwohl die Strophenzahl der einzelnen Aventiuren stark
schwankt (zwischen 19 Strophen in I und XXXIV und 147 Strophen in XX). Unterschiedlich ist auch der Grad der inneren Ein-
heitlichkeit der Aventiuren, doch kann man verallgemeinernd sagen, daß sie gewöhnlich eine Hauptstation der Handlung oder eine
einzelne abgeschlossene Episode oder eine selbständige, in sich ge-
rundete Etappe eines größeren Zusammenhangs umgreifen. Im
Effekt läuft das auf eine Verselbständigung der stofflichen bzw.
szenischen Bestandteile der Erzählung hinaus: auf jene Tendenz
zu blockhaft harter Fügung eben, wie sie auch die Handhabung der
Strophenform zeigt.

Mit alledem hebt sich das ›Nibelungenlied‹ als Sprachgebilde
eigentümlichster Prägung klar vom zeitgenössischen höfischen
Roman ab, in dem in fortlaufenden Reimpaaren das Geschehen
kontinuierlich entwickelt wird und die Episodengliederung nicht
auf eine Verselbständigung der einzelnen Handlungsteile angelegt ist, sondern gerade auf ihre Integrierung in einer übergreifen-
den Struktur, die den Sinn des Erzählten trägt und verbürgt. Der
innere Zusammenhang der andersartigen sprachlichen und erzäh-
lerischen Strategien im ›Nibelungenlied‹ und die Konsequenz, mit
der sie verfolgt werden, deutet auf einen starken Stilwillen hin
und auf ein nicht weniger starkes Vermögen, ihm Geltung zu verschaffen. Liebend gerne möchten wir annehmen, dieser nibelungische Stil sei von unserm Dichter geschaffen worden, der
dann als einer der bedeutendsten Sprachkünstler in der Geschichte
nicht nur der deutschen Literatur zu gelten hätte. Doch gemahnt

ein Umstand zur Vorsicht. Was wir als nibelungischen Stil fassen können, ist, wie wir sahen, weitgehend an die Form der Strophe gebunden. Deren Verwendung aber hatte ja – nach allem, was wir wissen können – schon Tradition in der Nibelungendichtung, als unser Dichter ans Werk ging. So müssen wir wohl davon ausgehen, daß dieser Stil im Gebrauch der Strophe allmählich herausgebildet und nicht in einem einmaligen Schöpfungsakt geschaffen wurde. Wenigstens tendenziell wird ihn unser Dichter bereits vorgefunden haben, doch hindert nichts, ihn als den großen Vollender anzusprechen, der ihm die zwingende Kraft verliehen hat, die sich dann durch die gesamte Überlieferung über alle Divergenzen im Wortlaut hinweg als bindend erweisen sollte.

Schaubildtechnik

Als die Burgunden am Etzelhof angekommen sind, geht ihnen Kriemhild mit ihrem Gefolge entgegen, küßt Giselher und ergreift seine Hand (1737,1-3). Der Auftritt ist wohlberechnet: indem sie als einzigen den jüngsten Bruder grüßt, den keine Schuld an Siegfrieds Tod trifft, demonstriert sie, daß sie ihr Leid noch nicht verwunden hat. Hagen begreift sogleich die Drohung, die darin steckt, und bindet zum Zeichen seiner Kampfbereitschaft den Helm fester (1737,4). Es folgt die erste Hortforderung (vgl. S. 69), die in eine Klage Kriemhilds mündet, daß die Burgunden gewarnt wurden (1747). Als Warner bekennt sich trotzig Dietrich von Bern (1748). Beschämt, ohne ein Wort zu sagen, doch wilde Blicke auf ihre Feinde werfend, verläßt Kriemhild den Schauplatz (1749). Dietrich und Hagen fassen sich an den Händen und beginnen ein Gespräch (1750). Die freundliche Begrüßung geht anscheinend von Dietrich aus, der damit deutlich macht, auf welcher Seite er steht. König Etzel betrachtet die beiden aufmerksam und wundert sich, wer der fremde Held sein mag... (1751,4 ff.).

Die Szenenfolge zeigt auf kleinstem Raum den wiederholten

Einsatz eines Darstellungsmittels, in dessen virtuoser Handhabung man vor allem anderen die künstlerische Leistung des Dichters bewundert hat: die demonstrative Schau-Geste. Die Personen
kommunizieren nicht nur verbal miteinander, sondern immer
wieder auch durch bestimmte Gebärden, die Zeichenfunktion
besitzen. Für den Hörer oder Leser bedeutet das, daß ihm das
Geschehen bildhaft plastisch vergegenwärtigt wird. Das gilt besonders für einige Hauptstationen der Handlung, an denen das
entscheidende Moment mit Hilfe eines aufwendigen szenischen
Arrangements im eigentlichen Sinne des Wortes augenfällig
gemacht wird: so die Unterordnungsfiktion in der Steigbügel-
Pantomime oder der Rangstreit der Königinnen im Auftritt
vor dem Münster.

Wie mit seiner Formelsprache und seinem Erzählduktus so
steht das ›Nibelungenlied‹ auch mit dieser Schaubildtechnik in der
deutschen Epik seiner Zeit allein da. Und wieder sind wir nicht in
der Lage zu sagen, inwieweit sie aufs Konto des letzten Dichters
geht. Ein Blick auf die Tradition der Heldenepik, namentlich die
französische, zeigt, daß eine Tendenz zu solcher Technik offenbar
in der Gattung angelegt ist. Und für den einen oder anderen der
einschlägigen Auftritte läßt sich plausibel machen, daß er aus
anderen Dichtungen übernommen wurde: so scheint etwa die
spektakuläre Szene der XXIX. Aventiure (wie Hagen nicht vor
Kriemhild aufsteht) aus der französischen Wilhelmsepik zu
stammen. Auf der anderen Seite sprechen die Häufung und der
wohlüberlegte Einsatz des Darstellungsmittels für die planende
und ordnende Hand eines großen Künstlers.

Daß es sich bei diesem nicht um einen Vorgänger unseres Dichters, sondern um diesen selbst handelt, dafür läßt sich vielleicht
zweierlei anführen. Zum einen die Tatsache, daß die meisten Gebärden Gesellschaftsgebärden im Rahmen des höfischen Proto-
kolls sind, die erfüllt oder (wie in Kriemhilds Begrüßung der Burgunden oder Hagens trotzigem Sitzenbleiben) bewußt verletzt
werden: das setzt ein ausgeprägtes Interesse an zeremonieller Re-

gelung des gesellschaftlichen Verkehrs, an »Umgangsformen« voraus, wie es charakteristisch ist für eine Entwicklungsstufe der höfischen Kultur, mit der in Deutschland eher gegen Ende des 12. Jahrhunderts zu rechnen ist als früher. Zum andern die Steigbügel-Pantomime: daß sie im Zusammenhang der Handlungslogik folgenlos bleibt (vgl. S. 70), könnte darauf hinweisen, daß sie aus stilistischen Gründen – als Glied in der Kette der Schaubilder, die zu knüpfen der Dichter bemüht war – sekundär eingefügt wurde; und es könnte sein, daß die Anregung dazu aus einem Roman kam, der seit den achtziger, neunziger Jahren des 12. Jahrhunderts beim höfischen Literaturpublikum in Deutschland Furore machte: dem Äneas-Roman Heinrichs von Veldeke, in dem man lesen konnte, wie Dido, der Herrin von Karthago, von Äneas galant der Steigbügeldienst geleistet wurde, als sie zur Jagd aufbrach (Heinrich von Veldeke, Eneasroman, hg. von Hans Fromm [Bibliothek des Mittelalters. 4], Frankfurt 1992, 61, 10ff., mit Kommentar S. 793).

Es liegt auf der Hand, daß der Schaubildtechnik eine Tendenz innewohnt, die einzelne Szene herauszuheben. So fügt sie sich zu der blockhaften Erzählweise, die wir beschrieben haben, und unterstreicht damit eindrucksvoll die stilistische Einheit des Werks. Doch hat sie offenbar noch einen höheren poetischen Sinn: in ihrer Theatralik erscheint sie als Vehikel einer besonderen Art von Pathos, die das Klima der nibelungischen Welt bestimmt und Ausdruck einer eigentümlichen Humanität ist, die man nicht denken kann ohne die Errungenschaften der neuen höfischen Kultur und die sich doch ganz anders darstellt als die Humanität in den genuin höfischen Literaturgattungen, dem Minnesang und dem höfischen Roman.

Betrachten wir die große Konfrontationsszene der XXIX. Aventiure. Hagens Körperhaltung dort: sitzend, das Schwert über die Oberschenkel gelegt, entspricht einer Rechtsgebärde: es ist die Haltung, in der der Richter zu Gericht sitzt. In der mutmaßlichen – direkten oder indirekten – Quelle für diese Szene, die wir in der Chanson de geste ›Aliscans‹ fassen (die später Wolfram von Eschenbach im ›Willehalm‹ bearbeiten sollte) hatte der Rechtscharakter der Haltung seinen guten Sinn: der Held, Markgraf Wilhelm von Orange, nimmt sie gegenüber dem König Ludwig ein und demonstriert damit, daß sich dieser, der seiner Verpflichtung als Lehnsherr nicht nachkommen will, eines Rechtsbruchs schuldig macht. Im ›Nibelungenlied‹ hingegen ist die Haltung ihrer rechtlichen Bedeutung entkleidet: Hagen hat keinerlei Grund, sich zum Richter über Kriemhild aufzuwerfen (vielmehr bekennt er sich gerade in dieser Szene offen als Siegfrieds Mörder: Str. 1790); und als bloße Provokationsgeste wäre die Richterpose im Kontext schwer verständlich. Dennoch ist die Gebärde nicht sinnlos geworden – der Dichter hat ihr einen neuen Sinn gegeben, indem er sie in ihre beiden Komponenten zerlegte: das Sitzen und das Zeigen des Schwertes.

Als sich Kriemhild – die Krone auf dem Haupt und damit demonstrativ in ihrer Eigenschaft als Königin – Hagen und Volker nähert, mahnt dieser (1780):

> ›Nu stê wir von dem sedele‹,   sprach der spileman:
> ›si ist ein küneginne;   und lât si für gân.
> bieten ir die êre   si ist ein edel wîp.
> . . .‹

(»›Stehen wir von der Bank auf‹, sagte der Spielmann: ›sie ist eine Königin; und laßt sie vorbeigehen. Erweisen wir ihr die Ehre: sie ist eine vornehme Frau...‹«). Damit ist ausgesprochen, was das höfische Protokoll erfordert. Hagen aber ist nicht bereit, dem nachzukommen (1781 f.):

>Nein durch mîne liebe<,   sprach aber Hagene:
>sô wolden sich versinnen   dise degene,
daz ichz durch vorhte taete,   und sold' ich hin gên.
ich enwil durch ir deheinen   nimmer von dem sedele stên.

Jâ zimet ez uns beiden   zewâre lâzen baz.
Zwiu solde ich den êren,   der mir ist gehaz?
daz engetuon ich nimmer,   die wîle ich hân den lîp.
ouch enruoch' ich, waz mich nîdet   des künec Etzelen wîp.<

(»»Mir zuliebe: nein<, antwortete Hagen: >sonst würden sich diese
Helden einbilden, ich täte es aus Furcht, wenn ich mich von der
Stelle rührte. Für keinen von ihnen werde ich von der Bank aufste-
hen. Es steht uns beiden wahrlich besser an, das zu lassen. Wozu
sollte ich den ehren, der mich haßt? Das tue ich niemals, solange
ich lebe. Auch ist mir gleichgültig, wie sehr König Etzels Frau
mich haßt«). Wie man sieht, kommt es dem Dichter gerade nicht
auf die Provokation an, auf die Wirkung, die die Verweigerung der
Ehrerbietungsgeste auf Kriemhild haben konnte, sondern darauf,
was in Hagen vorgeht: er bleibt sitzen, um sich selbst, um die
Integrität seiner Person, wie er sie begreift, zu behaupten. Dem
gesteigerten Interesse am inneren Menschen, das hier zum Ausdruck kommt, entspringt auch die Darstellung des Freundespaa-
res, das mit Hilfe der Schaubildtechnik pathetisch ins Bild gesetzt
wird: zu Beginn der Aventiure hält Hagen mit einem Blick über
die Schulter nach Volker Ausschau, und dann lösen sich die beiden
aus der Menge und gehen miteinander über den weiten Hof zu der
Bank (1758,3 ff.). Was hier im Bild gezeigt wird: Verbundenheit
der Freunde gegenüber der Welt bewährt sich im folgenden Gespräch und in der folgenden Handlung. Volker versichert Hagen
auf dessen fast ängstlich vorgebrachte Frage, daß er, komme was
wolle, bereit sei, ihm gegen Kriemhilds Leute zu helfen (1777 ff.);
und so bleibt er denn in der zitierten Passage Hagen zuliebe sitzen,
obwohl er es vorgezogen hätte, höflich zu sein und aufzustehen.
Die Gebärde des Sitzenbleibens dient also der Heroisierung der

beiden Helden, in erster Linie natürlich Hagens. Und diese Heroisierung bedeutet zugleich eine Humanisierung, Vermenschlichung der starren Heldengestalten. Der Dichter hat das mit großer Kunst aus dem altepischen Motiv der Kriegerfreundschaft heraus entwickelt, deren Apotheose dann die berühmte XXXVII. Aventiure bringt: Hagens Schildbitte und Rüdigers Schildgabe.

Das Moment der Provokation, die Betroffenheit Kriemhilds, kommt erst mit der Schwertgeste ins Spiel. Entscheidend ist, daß es sich um Siegfrieds Schwert handelt. Erst als Kriemhild näher kommt, legt Hagen es über seine Beine (1783); sie erkennt es, und (1784):

> Dô si daz swert erkande,   dô gie ir trûrens nôt.
> sîn gehilze daz was guldîn,   diu scheide ein porte rôt.
> ez mante si ir leide: weinen si began.
> ich waene, ez hete dar umbe   der küene Hagene getân.

(»Als sie das Schwert erkannt hatte, überwältigte sie der Schmerz. Sein Griff war aus Gold, die Scheide mit rotem Seidenband umwickelt. Es erinnerte sie an ihr Leid: sie brach in Tränen aus. Ich glaube, daß der kühne Hagen es deshalb getan hatte«). Wieder dient das Schaubild der Inszenierung von Innerlichkeit: das Vorweisen des Schwertes läßt Kriemhilds Leid hervorbrechen und gibt dem Dichter so Gelegenheit, sie uns in der überwältigenden Leidenschaft ihrer Liebe zu Siegfried zu zeigen.

Hagens heroische Größe und Kriemhilds Schmerz: ihrer Psychologie gilt vor allem die Aufmerksamkeit des Dichters, in ihrer Darstellung bewährt sich vor allem seine Kunst. Wir deuteten bereits an, daß solches Interesse am Menschen eine Errungenschaft der neuen höfischen Kultur des 12. Jahrhunderts ist. Daß es dem Dichter gelang, es in dem alten heroischen Stoff zur Geltung zu bringen, war wohl die Voraussetzung dafür, daß dieser Stoff damals Literatur werden konnte; Höfisierung im Äußeren, ritterliche Kostümierung der Vorzeitrecken allein hätte das schwerlich vermocht. Dabei liegt, jedenfalls für uns, eine besondere Faszina tion darin, daß diese Verinnerlichung des Geschehens im ›Nibelungenlied‹ nicht einfach den Mustern des höfischen Romans folgt (was auch kaum möglich gewesen sein dürfte), sondern dem archaischen »Gattungsstil angepaßt« ist und so »vor allem als pathetische Sentimentalisierung« erscheint (Alois Wolf, HSt S. 234/60). Es liegt, so könnte man vielleicht auch sagen, über aller modernen Humanität, die der Dichter den Gestalten einzuprägen bemüht ist, ein Hauch von Barbarentum, der uns zugleich anziehen und befremden mag.

V

INTERPRETATION UND REZEPTION

Das ›Nibelungenlied‹ präsentierte sich uns seltsam zwiegesichtig: zeigte eine mangelhafte Motivationsstruktur bei gleichwohl großer Kunst des Erzählens und Darstellens. Die Forschung hat sich jahrzehntelang darum bemüht und bemüht sich weithin noch heute, ein günstigeres Bild zu gewinnen, in dem die Mängel keine Rolle spielen oder gar nicht aufscheinen. Sie suchte und sucht nach einem umgreifenden Sinnkonzept, das hinter der Oberflächenhandlung steht und diese so organisiert, daß die Widersprüche und Ungereimtheiten der Handlungslogik aufgehoben sind.

Forschungsgeschichtlich gehört dieses Bemühen in den Zusammenhang der großen Protestbewegung gegen die Lehre Andreas Heuslers (vgl. S. 32 f.). Heusler hatte einst ältere Versuche dieser Art mit der bissigen Bemerkung abgetan, der »Meister um 1200« habe »sich mit dem Lindwurm der ›tieferen Bedeutung‹ noch nicht« herumschlagen müssen (Nibelungensage und Nibelungenlied [vgl. S. 114] S. 58). Das Ungenügen an Heuslers Verfahren, den erhaltenen Text von dessen rekonstruierter Vorgeschichte her als historisch gewordenes Gebilde zu begreifen, mußte früher oder später auch seine Abneigung gegen interpretierende Sinnerschließung als borniert erscheinen lassen. Und so gab sich die Forschung – getragen auch von einem allgemeinen Aufschwung der Interpretationskunst in der Literaturwissenschaft – seit den fünfziger Jahren einer wahren Deutungsorgie hin, die rasch dazu führte, daß eine ganze Reihe grundverschiedener, sich gegenseitig ausschließender Interpretationen ins Gespräch gebracht war.

An skeptischen und warnenden Stimmen hat es freilich nicht gefehlt. Friedrich Neumann etwa wies mit Nachdruck darauf hin, daß »schon die Zahl der sorgsam und klug geführten Versuche den Verdacht wecken« sollte, »hier sei schon im Ansatz etwas verfehlt worden« (Das Nibelungenlied in seiner Zeit [vgl. S. 117] S. 164). Und Hans Fromm stellte mit einiger Schärfe fest: »alle Versuche seit eh und je belegen, daß dem Epos die grundlegende und einheitschaffende Idee fehlt« (Atti S. 73). Man kann nicht sagen, diese Stimmen seien nicht gehört worden, aber sie haben dem hemmungslosen Interpretationsbetrieb am Ende keinen Einhalt gebieten können und es vor allem nicht vermocht, die Forschung dazu zu bewegen, sich ernsthaft auf die Frage einzulassen, die vor allem Interpretieren zu beantworten wäre: inwieweit die epische Struktur des überlieferten Textes es überhaupt erlaubt, ihn in der üblichen Weise auszulegen.

Wir wollen versuchen, uns das Problem wenigstens im grundsätzlichen klarzumachen. Wir dürfen uns davon nicht nur ein besseres Verständnis der verworrenen Forschungssituation versprechen, sondern auch einen genaueren Begriff von der Eigenart des Werks und, nicht zuletzt, einen Einblick in die Mechanismen der bewegten Geschichte seiner Rezeption.

Auszugehen ist von der Tatsache, daß das ›Nibelungenlied‹ auf den Leser in ungewöhnlichem Maße interpretationsbedürftig wirkt und daß schon die Zeitgenossen ein solches Interpretationsbedürfnis verspürt haben.

Die Sicht der Zeitgenossen

Die Überlieferung des ›Nibelungenliedes‹, so sehr sie uns philologisch zu schaffen macht, ist insofern ein Glücksfall, als sie es erlaubt, die Reaktion der Zeitgenossen auf das Werk zu studieren. Wir fassen diese Reaktion in der ›Klage‹ und in der *C-Bearbeitung.

Erinnern wir uns: die ›Klage‹ erscheint in der Überlieferung als eine Art Nachtrag zum ›Nibelungenlied‹ (vgl. S. 49 f.). In 4360 Reimpaarversen (nach der Ausgabe von Bartsch) erzählt sie, wie die Toten aufgefunden und bestattet werden, wie die Kunde von der Katastrophe in der Welt verbreitet wird – alles unter endlosen Klagen der Überlebenden – und wie Dietrich von Bern mit seiner Verlobten Herrad und dem alten Hildebrand in sein Erbreich aufbricht. Einleitend wird das Geschehen, das zur Katastrophe führte, mit einigen zusätzlichen Informationen rekapituliert, und der Verfasser räsoniert immer wieder über Schuld und Unschuld: er legt dar, daß Kriemhild allein aus Treue zu Siegfried gehandelt habe und daher von jeder Schuld freizusprechen sei (139 ff.), ja daß man annehmen müsse, diese ihre Treue habe ihr die ewige Seligkeit erworben (569 ff.); er verweist auf den *übermuot* der Akteure – die Sünde der *superbia* – als Quelle allen Übels und gibt unmißverständlich zu erkennen, daß Hagen die Hauptschuld trägt (u. a. 228 ff., 1250 ff., 3434 ff., 4030 ff.); und er führt aus, wie Etzel sein Unglück als Gottesstrafe dafür auffaßt, daß er einst vom Christentum, zu dem er sich bekehrt hatte, wieder abgefallen ist (948 ff.).

Die Forschung ist sich uneins darüber, wann die ›Klage‹ entstanden ist und wie sie sich entstehungsgeschichtlich zum ›Nibelungenlied‹ verhält. Einige halten es für möglich, daß sie v o r dem ›Nibelungenlied‹ zu Pergament gekommen ist. Sie bezöge sich dann auf die vor diesem liegende Erzähltradition und hätte gewissermaßen als Pionier den Boden dafür bereitet, daß man es wagen konnte, die alte Geschichte aus mündlicher Überlieferung in einem großepischen Buchwerk zu erzählen. Andere stellen sich lieber vor, sie sei erst Jahrzehnte nach dem ›Nibelungenlied‹, vielleicht um 1220, entstanden. Für beide Positionen lassen sich Argumente anführen. Wahrscheinlicher ist jedoch die wohl vom überwiegenden Teil der Forschung vertretene Ansicht, daß die ›Klage‹ nicht lange nach dem ›Nibelungenlied‹ verfaßt wurde, in demselben Passauer Literaturkreis, als Zusatz zum Werk des Meisters, mit dem sie dann fast durchweg gemeinsam überliefert ist.

Das geistliche Räsonnement, das Bemühen um »historische« Korrektheit und Vollständigkeit, die wiederholten Wahrheitsbeteuerungen, die durch lange Tradition nicht zuletzt für geistliche Lehrgedichte in der Volkssprache sanktionierte Form des Reimpaars: das alles gibt der ›Klage‹ den Charakter eines seriösen Literaturwerks, das geeignet war, dem ›Nibelungenlied‹, das in gelehrten Klerikerkreisen zumindest problematisch sein mußte, literarische Anerkennung zu verschaffen. Es scheint, als sei die ›Klage‹ sozusagen die Eintrittskarte gewesen, die dem ›Nibelungenlied‹ den Zugang zur Welt der *litterati*, der gelehrten Kleriker, geöffnet hat (in diesem Sinne war es auch gemeint, wenn wir die Passage über die Aufzeichnung des Geschehens im Auftrag Bischof Pilgrims als »Echtheitszertifikat des ›Nibelungenliedes‹« bezeichnet haben – vgl. S. 50).

Entscheidend in unserem Zusammenhang ist das moralisch-geistliche Räsonnement. Es liefert eine Verständnisperspektive, einen Sinnzusammenhang, den das ›Nibelungenlied‹ selbst nicht zu bieten hatte. Das bedeutet nun aber nichts anderes, als daß die Zeitgenossen das ›Nibelungenlied‹ eben als interpretationsbedürftig empfunden haben, daß sie es so, wie der Dichter es darbot, nicht akzeptieren konnten. Der Verfasser der ›Klage‹ hat diesem Ungenügen entsprochen, indem er einen christlich motivierten Zusammenhang von Gut und Böse konstruierte, auf den sich das im ›Nibelungenlied‹ Erzählte erklärend beziehen ließ. Daß er damit das Sinnbedürfnis der Zeitgenossen in der Tat befriedigt hat, scheint die *C-Fassung zu zeigen. Es läßt sich nicht beweisen, doch spricht vieles dafür, daß deren Urheber die Interpretationstendenz: Hagen anzuschwärzen und Kriemhild zu exkulpieren, aus der ›Klage‹ übernommen hat, die er ihrerseits in seine Bearbeitung einbezog (vgl. S. 59 ff.).

Man kann sich nicht deutlich genug vor Augen führen, daß das Mittelalter das ›Nibelungenlied‹ in solcher geistlichen Sicht gelesen hat bzw. hat lesen müssen. Die Forschung hat dieses mittelalterliche Textverständnis mit erstaunlich leichter Hand beiseite geschoben und den * AB-Text auf eigene Faust so interpretiert, als habe es die ›Klage‹ und die * C-Fassung nie gegeben. Selbstverständlich wird niemand behaupten wollen, ›Klage‹-Verfasser und * C-Bearbeiter hätten die »richtige« Interpretation des ›Nibelungenliedes‹ gefunden. Sie haben dem Werk vielmehr einen Sinn unterstellt, auf den die Geschichte, die es erzählt, in keiner Weise angelegt ist. Gerade die Einsicht in diesen Sachverhalt hätte der Forschung aber zeigen können, daß sie, wenn auch gewöhnlich subtiler, im Prinzip nicht anders verfährt: daß sie ständig der Gefahr ausgesetzt ist, mit ihren Interpretationen nicht Werksinn zu ermitteln, sondern werkfremd Sinn zu unterstellen.

Sinnunterstellung

Wie solche Sinnunterstellung in modernen Interpretationen aussieht, sei anhand der Hortforderung demonstriert. Wir sahen (S. 66 ff.), daß die Beibehaltung der alten Szene im ›Nibelungenlied‹ zu einem scharfen Bruch im Handlungszusammenhang geführt hat, den zu überbrücken sich der Dichter vergeblich bemühte. Die Forschung möchte ihn damit nicht belasten und läßt es sich angelegen sein zu zeigen, daß hier nur auf den ersten Blick ein Bruch vorzuliegen scheint und die Szene sich bei näherem Hinsehen gerade so, wie der Dichter sie präsentiert, vorzüglich in den Handlungszusammenhang einfügt. Einigkeit ist dabei nie erzielt worden: bis auf den heutigen Tag werden immer neue Erklärungen angeboten, die einander ausschließen – wer sie unvoreingenommen zur Kenntnis nimmt, kann sich des Eindrucks nicht erwehren, es gebe so viele Hortforderungsszenen, wie es Interpreten gibt. Wir greifen zwei ältere Interpretationen heraus, an denen das Problem besonders gut zu studieren ist: diejenigen Bert Nagels und Hans Kuhns.

Nach Bert Nagel (Staufische Klassik, Heidelberg 1977) »erscheint der Hort« zwar zunächst »rein materiell als eine Quelle der

Macht und des Reichtums«, gewinnt »im Verlauf der Rachehandlung jedoch... zunehmend eine andere Bedeutung« (S. 533). Als Hunnenkönigin »zur reichsten und mächtigsten Frau der Welt« geworden, bedürfe Kriemhild »des Hortes zur Rache nicht mehr« (S. 533). Er werde nun »eine ideelle Größe«, insofern sie in ihm, der Morgengabe Siegfrieds, »ein Teil von Siegfried selbst sehe« (S. 533). Und weil der Hort solchermaßen nicht von Siegfried zu trennen sei, m ü s s e Kriemhild ihn von Hagen fordern, wolle sie nicht treulos werden. Der Hort sei »keine Alternative zu Siegfried«, sondern, im Gegenteil, »dessen mythisch-symbolische Repräsentanz« (S. 534). Da Kriemhild aber niemals auf die Rache für Siegfrieds Tod verzichten könne, sei »ihr Freilassungsangebot an den Todfeind... nicht realistisch gemeint« (S. 534). Mit Recht unterstellend, »daß Hagen seinerseits das von ihm beschworene Hortgeheimnis niemals preisgeben« werde, quäle sie ihn in »spielerisch grausamem Auskosten der endlich erlangten Rachemöglichkeit« mit der Alternative: »Entweder brich deinen Eid oder stirb!« (S. 534 f.).

Kann es für Nagel keinen Bruch zwischen Rachemotiv und Hortmotiv geben, weil beide in seiner Sicht »letztlich dasselbe sind« (S. 534), insistiert Hans Kuhn auf diesem Bruch. Für ihn liegt höchste Kunst des Dichters darin, daß dieser gerade nicht versucht habe, den Bruch zu beseitigen, sondern die alte Szene »als das verwendete, was sie jetzt«, im Rahmen der neuen Konstellation, geworden »war: ein böser Mißklang auf der Höhe der Rachehandlung, zu der sich der zweite Teil der Doppelsage gewandelt hatte. Als Kriemhild, immer neu gekränkt und verhöhnt und von schweren Rückschlägen und Enttäuschungen getroffen, endlich unmittelbar vor der Rache für den Tod Siegfrieds« stehe, da vermöge »sie die Stunde nicht mehr zu begreifen«, lasse »sich zu einem sinnlosen Paktieren um die geraubten Schätze und zur Tötung ihres letzten Bruders hinreißen und« bringe »sich damit in demselben Augenblick um den gewonnenen Sieg und zugleich um alle menschliche Würde. Durch diese unerwartete Wendung und ihre Folgen« sei »das Epos erst ganz zu der fürchterlichen Tragödie geworden, die noch heute jeden Leser« erschütterte (NuK S. 351).

Bei aller Verschiedenheit im Ergebnis gehen die beiden Interpretationen von der gleichen Prämisse aus und verfahren auch methodisch gleich. Sie setzen voraus, daß der Text im Sinne einer psychologischen bzw. handlungslogischen Stimmigkeit kohärent ist. Und sie wollen solche Stimmigkeit nachweisen, indem sie sich bemühen, einen Motivationszusammenhang ausfindig zu machen, der im Text nicht explizit gegeben ist, sondern als gewissermaßen implizite Sinnstruktur das explizite Handeln der Personen bestimmt. Wenn man die Prämisse anerkennt, kann man gar nicht anders vorgehen, denn der Dichter präsentiert ja nur die Außenansicht, läßt die Szene sich abspielen, ohne einen Blick ins Innere der Personen zu gewähren, die Beweggründe vorzuzeigen, warum sie gerade so und nicht anders handeln. Da nun aber das Verhalten der Personen in der Außenperspektive unerwartet ist, d. h. ihre Beweggründe nicht ohne weiteres – aus dem Textzusammenhang oder aus lebensweltlichen Erfahrungsmustern – einsichtig werden, ergibt sich, daß die Interpretationen sich weder beweisen noch widerlegen lassen.

Daß Kriemhild ein emotionales Verhältnis zum Hort hat, in ihm vor allem oder gar ausschließlich das kostbare Vermächtnis Siegfrieds sieht, wird nirgendwo gesagt. Eine einzige Stelle gibt es, an der Siegfrieds Tod und der Verlust des Hortes in einem Atemzug genannt werden (1141):

> Mit iteniuwen leiden   beswaeret was ir muot
> umb ir mannes ende.   unt dô si ir daz guot
> alsô gar genâmen,   dô gestuont ir klage
> des lîbes nimmer mêre   unz an ir jungesten tage.

(»Mit neuem Leid wurde sie beschwert wegen ihres Mannes Tod. Und als sie ihr das Eigentum restlos genommen hatten, da hörte ihre Klage im Leben nicht mehr auf bis zu ihrem Ende«). Man wird das so zu verstehen haben, daß Hagens neuerliche Schandtat für Kriemhild auch das alte Leid, das er ihr zugefügt hatte, wieder ganz lebendig *(iteniuwe)* werden läßt. Die Annahme, im Hort sei für Kriemhild ihr geliebter erster Mann »symbolisch« präsent, läßt sich auf diese Stelle nicht gründen. Aber es findet sich umgekehrt auch nicht der geringste Hinweis darauf, daß dies nicht der Fall ist. Und ganz genauso gibt es keinen Einwand, der Kuhns Interpretation widerlegen könnte, und umgekehrt auch keine Möglichkeit, aus dem Text zu zeigen, daß sie zutrifft.

Wenn man sich nicht mit der schieren Beliebigkeit dieser Interpretationen zufriedengeben will, kommt man an der Einsicht nicht vorbei, daß sie nicht den historisch authentischen Sinn des Werks aufdecken, sondern es korrigieren und sich damit in die lange Reihe der Um- und Nachdichtungen stellen, die mit der ›Klage‹ und der *C-Bearbeitung beginnt. Daß es in solchem Umfang zu korrigierenden Weiterbildungen kommen konnte oder mußte, das ist die Folge der Motivationsdefizite des Werks.

Wenn diese nur scheinbar vorhanden wären, wenn hinter den Brüchen und Widersprüchen der Handlungsstruktur in Wahrheit eine genau kalkulierte Kunstabsicht stünde, wie die Forschung nicht müde wird zu behaupten, dann käme es einem Wunder gleich, daß so gut wie alle Diskrepanzen mühelos stoffgeschichtlich erklärbar sind. Insofern liegt die Unmöglichkeit, ein für allemal den Sinn des Werks aufzudecken, grundsätzlich auf einer anderen Ebene als die prinzipielle Interpretationstoleranz von Kunstwerken, die mit den Kategorien der Hermeneutik zu beschreiben ist.

Man kann die Probe aufs Exempel machen. Wenn die Überlegung richtig ist, dann darf man erwarten, daß der *C-Bearbeiter im Zusammenhang der Hortforderung an den Stellen eingegriffen hat, die sich als problematisch erwiesen haben. Und das ist in der Tat der Fall.

Er hat, erstens, versucht, die Kluft zwischen Rachemotiv und Hortmotiv zu verringern. Zu diesem Zweck rückte er im Rahmen der ersten der beiden Hortforderungsszenen, in die gleiche Richtung denkend wie die Verfechter der modernen Symbol-These, den Hort und Siegfried zusammen und drängte den materiellen Aspekt zurück. Aus Kriemhilds Klage um den Verlust des Hortes (1743,4):

> ›des hân ich alle zîte   vil manigen trûrigen tac‹

(»»Darum habe ich nur noch traurige Tage‹«) machte er eine Klage um den Hort und um Siegfried (*C 1783,4):

> ›nâch im und sîme herren   hân ich vil manegen leiden tac‹

(»»Um ihn und um seinen Herrn traure ich alle Zeit‹«) und ließ Kriemhild abschließend, in einer eigens eingeschobenen Strophe, beteuern (*C 1785,1 f.):

> ›Jâne rede ihz niht darumbe,   deich mêre goldes welle gern.
> ich hâns sô vil ze gebene,   deich iuwer gâbe mac enbern…‹

(»»Ich sage das nicht, weil ich mehr Gold haben wollte. Ich habe davon so viel zu verschenken, daß ich auf eine Gabe von euch verzichten kann…‹«). Und er ersetzte die aus der Außenperspektive gegebene Vorausdeutung auf den Mord an Gunther und Hagen, die den Schlußauftritt einleitet (2366,4):

> der Kriemhilde râche   wart an in beiden genuoc

(»Kriemhilds Rache erging vollkommen an den beiden«) durch eine Reflexion Kriemhilds, die zeigen soll, daß es ihr einzig und allein um Rache für Siegfried zu tun ist (*C 2425,4):

> si dâht: ›ich geriche hiute   mîns vil lieben mannes lîp‹

(»Sie dachte: ›Ich räche heute meinen geliebten Mann‹«). Zweitens lieferte der *C-Bearbeiter, die Außenperspektive wieder durch einen Blick in den Kopf des Handelnden durchbrechend, in einer Zusatzstrophe ein Motiv für Hagens Anschlag auf Gunther, das zugleich seiner Tendenz zugute kam, Kriemhilds Gegenspieler ins Unrecht zu setzen (*C 2428):

> Er wiste wol diu maere,   sine liez in niht genesen.
> wie möhte ein untriuwe   immer sterker wesen?
> er vorhte, sô si hête   im sînen lîp genomen,
> daz si danne ir bruoder   lieze heim ze lande komen.

(»Er wußte genau, daß sie ihn nicht würde davonkommen lassen. Wie hätte es jemals eine größere Treulosigkeit geben können? Er fürchtete, wenn sie ihn getötet hätte, daß sie dann ihren Bruder heimkehren ließe«).

So kann es kaum zweifelhaft sein: die modernen Interpreten der Hortforderungsszene arbeiten, vom selben Sinnbedürfnis getrieben, mit demselben Verfahren der Sinnunterstellung wie der *C-Bearbeiter – und überschreiten damit die Grenzen der historischen Interpretierbarkeit des Textes, die sich daraus ergeben, daß die Möglichkeiten des Dichters, das traditionelle Stoffmaterial buchepisch zu integrieren, beschränkt waren.

Inwieweit der Befund sich verallgemeinern läßt, ist beim heutigen Stand der Forschung nicht abzusehen. Sicher ist, daß gegenüber der großen Mehrzahl der vorliegenden Interpretationen dringend der Verdacht auf Sinnunterstellung besteht. Erkennbar sind dabei immer wieder zwei Grundmuster, die sich aus den Argumentationen Bert Nagels und Hans Kuhns abstrahieren lassen: die Interpreten leugnen die Existenz von Brüchen im Werkgefüge (wie Nagel), oder sie sehen gerade in ihnen den Sinngehalt verkörpert (wie Kuhn). Wo immer man Interpreten in dieser Weise um Harmonisierung oder um Funktionalisierung der widerständigen Textstruktur bemüht sieht, ist Skepsis am Platze.

Damit soll nicht etwa gesagt sein, das ›Nibelungenlied‹ sei ein Text ohne Sinn. Es ist eines: festzustellen, daß sich der Dichter weder an einer ›leitenden Idee‹ orientiert hat noch eine ›Botschaft‹ vermitteln wollte, sondern bestrebt war, in einem Akt »ordnenden Sammelns« Überliefertes zusammenzubringen und in seiner »Faktizität« zu präsentieren (Curschmann [vgl. S. 112] Sp. 946) – wobei er erhebliche Kollisionen im Erzählgefüge nicht verhindern konnte. Und es ist ein anderes: anzuerkennen, daß er gleichwohl dieses Überlieferte mit großer Kunst namentlich der Personenzeichnung (wir deuteten sie an) als organisiertes Sinngebilde: als Panorama bedeutender Ereignisse und ›großer Gefühle‹ so zur Geltung brachte, daß der Leser Interesse nimmt an den Gestalten, an ihrem Handeln und Leiden.

Ideologische Vereinnahmung

Die Beliebigkeit der meisten Interpretationen des ›Nibelungenliedes‹ ist ein Ärgernis, doch muß man wenigstens nicht befürchten, daß sie Schaden anrichten: das Nachdenken der Interpreten findet im Elfenbeinturm des Wissenschaftsbetriebs statt. Das war nicht immer so.

Über fast anderthalb Jahrhunderte, von den Anfängen der wissenschaftlichen Germanistik bis zum Ende der nationalsozialistischen Herrschaft, gingen öffentliches und wissenschaftliches Interesse am ›Nibelungenlied‹ weithin Hand in Hand. Als im Jahre 1810 an der soeben gegründeten Universität Berlin die erste Professur für deutsche Sprache und Literatur eingerichtet wurde, besetzte man sie mit einem Mann, der sich durch eine Bearbeitung des ›Nibelungenliedes‹ »einen Namen als enthusiastischer Patriot gemacht« hatte – und es scheint eben dieser Patriotismus gewesen zu sein, der ihm, Friedrich Heinrich von der Hagen, einem »philologischen Dilettanten«, den Ruf einbrachte (Johannes Janota in: Eine Wissenschaft etabliert sich. 1810–1870 [Deutsche Texte. 53], hg. von J. J., Tübingen 1980, S. 16 f.). Denn die Universitätsgründung stand im Zeichen der patriotischen Erneuerung Preußens nach dem Zusammenbruch von 1806, als die preußischen Truppen bei Jena und Auerstedt von Napoleon vernichtend geschlagen wurden und Deutschland, nach der Auflösung des Heiligen Römischen Reiches Deutscher Nation, endgültig unter französischen Einfluß kam. Das aus antifranzösischem Affekt erwachsene Nationalgefühl verband sich mit der Mittelalterbegeisterung der Romantik und bescherte der mittelalterlichen, »altdeutschen« Dichtung eine ideologische Schlüsselrolle als Garantin »vaterländischer Identität und Legitimation« (Wunderlich, Schatz [vgl. S. 119] S. 11).

»Es scheint«, so heißt es in von der Hagens Vorrede zu der Bearbeitung des ›Nibelungenliedes‹, die 1807 erschienen war, »es scheint, als suche man in der Vergangenheit und Dichtung, was in der Gegenwart schmerzlich untergeht. Es ist aber dies tröstliche Streben noch allein die lebendige Urkunde des unvertilgbaren Deutschen Karakters, der über alle Dienstbarkeit erhaben, jede fremde Fessel über kurz oder lang immer wieder zerbricht, und dadurch nur belehrt und geläutert, seine angestammte Natur und Freiheit wieder ergreift... Unterdessen aber möchte einem Deutschen Gemüthe wohl nichts mehr zum Trost und zur wahrhaften Erbauung vorgestellt werden können, als der unsterbliche alte Heldengesang, der hier aus langer Vergessenheit lebendig und verjüngt wieder hervorgeht: das Lied der Nibelungen, unbedenklich eins der größten und wunderwürdigsten Werke aller Zeiten und Völker, durchaus aus Deutschem Leben und Sinne erwachsen und zur eigenthümlichen Vollendung gediehen, und als das erhabenste und vollkommenste Denkmal einer so lange verdunkelten Nazionalpoesie, unter den übrigen, zwar auch nicht unbedeutenden und geringen Resten derselben, doch ganz einzig und unerreicht dastehend, – dem kolossalen Wunderbau Erwins von Steinbach vergleichbar. Kein anderes Lied mag ein vaterländisches Herz so rühren und ergreifen, so ergötzen und stärken, als dieses..., worin dem Jünglinge die Schönheit und Anmuth jugendlicher Heldengestalten, kühner, ritterlicher Scherz, Uebermuth, Stolz und Trutz, männliche und minnigliche Jungfrauen in des Frühlings und des Schmuckes Pracht, holde Zucht, einfache, fromme und freundliche Sitte, zarte Scheu und Schaam, und liebliches, wonniges Minnespiel, und über alles eine unvergeßliche, ewige Liebe sich darstellen; und worin endlich ein durch dieselbe grauenvoll zusammengeschlungenes Verhängniß eine andere zarte Liebe in der Blüte zerstöhrt und alles unaufhaltsam in den Untergang reißt, aber eben in diesem Sturze die herrlichsten männlichen Tugenden offenbart, als da sind: Gastlichkeit, Biederkeit, Redlichkeit, Treue und Freundschaft bis in den Tod, Menschlichkeit, Milde und Großmuth in des Kampfes Noth, Heldensinn, unerschütterlicher Standmuth, übermenschliche Tapferkeit, Kühnheit, und willige Opferung für Ehre, Pflicht und Recht; Tugenden, die in der Verschlingung mit den wilden Leidenschaften und düstern Gewalten der Rache, des Zornes, des Grimmes, der Wuth und der grausen Todeslust, nur noch glänzender und mannigfaltiger erscheinen, und uns, zwar traurend und klagend, doch auch getröstet und gestärkt zurücklassen, uns mit Ergebung in das Unabwendliche, doch zugleich mit Muth zu Wort und That, mit Stolz und Vertrauen auf Vaterland und Volk, mit Hoffnung auf dereinstige Wiederkehr Deutscher Glorie und Weltherrlichkeit erfüllen« (zitiert nach dem Wiederabdruck in der 2. Ausgabe: Der Nibelungen Lied, erneuet und erklärt durch Friedr. Heinr. von der Hagen, Frankfurt am Main 1824, S. 1 ff.).

Historische Gerechtigkeit gebietet, darauf hinzuweisen, daß hinter diesem altväterlichen Pathos ein fortschrittliches politisches Programm steht: von der Hagen »denkt, wenn er auf die Erneuerung des Reiches und die Wiedergeburt der nationalen Einheit aus dem Geist des Mittelalters hofft, an nichts Geringeres als die freiheitliche Staatsform der Republik« (Helmut Brackert, Nibelungenlied und Nationalgedanke [vgl. S. 119] S. 349). Doch sind hier im Kern schon alle Klischees einer reaktionären und am Ende mörderischen Rezeption des ›Nibelungenliedes‹ versammelt. Die verhängnisvollste Rolle sollte dabei die Berufung auf die »Treue« spielen, die von der Hagen unter den »männlichen Tugenden« nennt, die das Lied verherrliche. Sie erscheint etwa in der vielgelesenen Literaturgeschichte des Marburger Professors A. F. C. Vilmar, von der zwischen 1845 und 1911 nicht weniger als 27 Auflagen herausgekommen sind, als die Sinnmitte des ganzen Werks (und darüber hinaus der gesamten mittelhochdeutschen Heldendichtung): »Ehe ich nun meine Leser bitte, mich zu den einzelnen Schöpfungen unseres Volksepos zu begleiten, habe ich noch einen allgemeinen Charakter ihres Inhalts anzugeben, der sie alle gleichmäßig auszeichnet – den rothen Faden nachzuweisen, welcher durch sie alle hindurchläuft und sie als deutsche Lieder stempelt, als Lieder, in denen das innerste, reinste, edelste Herzblut des deutschen Volkes strömt. Es ist die Treue des deutschen Volkes, die sich in diesen Liedern ein unvergängliches Denkmal gesetzt hat. Mit unauslöschlicher Anhänglichkeit ist das Stammeshaupt seinen Gliedern, mit gleich unauslöschlicher Anhänglichkeit sind die Stammesglieder dem Stammesoberhaupt zugethan... Für den lieben König und Herrn wird alles gethan, wird treulich gekämpft, wird willig geblutet, wird freudig in den Tod gegangen... Und umgekehrt: von dem treuen Dienstmanne laßen die Könige nicht bis in den Tod, bis zu ihrem und des ganzen Stammes furchtbaren Untergange. Hagen erschlägt den Siegfried aus Mannentreue gegen seine Königin Brunhild; Hagen widerrät den Zug ins Hunnenland, da aber die Könige, seine Herren, die Fart dennoch beschloßen haben, so gehet er fest und mutig mit, als der Nibelunge ›helflicher Trost‹, wiewol er sicher voraus weiß, daß diese Fart sein Tod, der Tod seiner Herren und der Untergang des Burgundengeschlechtes sein wird. Und im Kampfe stehet er bei seinen lieben Herren bis an das Ende. Als dagegen die Feinde von den Burgundenkönigen nur ihn allein wollen ausgeliefert haben, und für die Auslieferung Hagens den Königen freien Abzug versprechen – da ringt sich ein Schrei des Entsetzens aus den Herzen der Könige hervor: fahr hin o Vaterland, fahr hin o Gattin, fahr hin blühende Braut, fahr hin o junges Leben, fahr hin du edler Stamm der Burgunden, dessen allerletzte wir sind – Hagen wird nicht ausgeliefert. – Rüdiger von Bechlaren, Chriemhilden und Etzels Mann, kämpft mit Gernot, dem Burgunden, dem liebsten seiner Freunde, den grimmen Todeskampf, denn Gernot ist seiner Herrin – zwar Bruder, aber Feind. Sie überleben einander nicht: zugleich fallen die Freund-Feinde, aber die Treue ist gehalten bis in den

Tod. –... Diese Züge... sind das eigentliche Lebenselement des deutschen Volkes, das eigentliche schlagende Herz des deutschen Epos. Und für diese Treue muß ein Sinn bei dem Lesen unserer Heldengedichte vorhanden sein, oder sie werden nicht begriffen, nicht verstanden. Ich habe früher die Bitte ausgesprochen, sich erinnern zu wollen, daß ohne Eingehen auf die deutsche Gesinnung unser Epos nicht anspreche: es war die Gesinnung der deutschen Treue, der Mannen- und Unterthanen-Treue und der Königs-Treue, auf welche ich hindeutete. Die Größe der Helden und die Größe ihrer Thaten ist auf so bestimmte und entschiedene Weise durch ihre Gesinnung der Treue bedingt, daß dieselbe geradezu als das wichtigste und vorherrschende poetische Motiv aufgefaßt werden muß« (A[ugust] F[riedrich] C[hristian] Vilmar, Vorlesungen über die Geschichte der deutschen National=Literatur, Marburg und Leipzig 1845, S. 60ff.).

Das Interpretationsmuster, das hier entfaltet wird, war populär. Es verdichtete sich zum Schlagwort von der »Nibelungentreue«, das der Reichskanzler Fürst von Bülow in einer Reichstagsrede am 29. März 1909 prägte, um das Verhältnis des Reichs zu Österreich-Ungarn zu kennzeichnen. Worauf das hinauslaufen mußte, konnte man ein paar Jahre später in einer Kriegsrede des einflußreichen (und im Rahmen der Fachwissenschaft hochverdienten) Germanisten Gustav Roethe hören, der damals den Berliner Lehrstuhl innehatte: »In der deutschen Treue vereint sich alles, Leidenschaft, Idealismus, Ganzheit, Wahrhaftigkeit; die Leidenschaft zur Idee ist ihr innerster Kern. Schon Tacitus oder seine Gewährsmänner haben sie beobachtet. Dem Römer war sie eine *prava pervicacia*, eine schlimme Hartnäckigkeit: und steckt in Hagens Nibelungentreue, an der nicht nur er, sondern auch das Geschlecht seiner königlichen Herren zu Grunde geht, nicht wirklich eine verhängnisvolle Starrheit von Kopf und Herz? Und trotzdem, welch köstliche Mitgift deutscher Größe ist diese Treue! Es handelt sich um das rückhaltlose Einsetzen des ganzen Menschen, das nicht dingt, nicht wägt, nicht schwankt, sondern durchhält bis zuletzt, und mag der Erdball darüber in Trümmer gehen« (Gustav Roethe, Von deutscher Art und Kultur, Berlin 1915, S. 35 f.). Was hier, in unbegreiflicher Verblendung, beschworen wurde, sollte sich im Zweiten Weltkrieg erfüllen. Daß sich die Verantwortlichen wieder der Nibelungen-Klischees bedienten, um das Geschehen zu verklären, kann nicht überraschen. Wie ein Echo auf die Phrasen Roethes klingt der Appell, den Hermann Göring angesichts der sich abzeichnenden Niederlage in Stalingrad zum 10. Jahrestag der nationalsozialistischen Machtergreifung an Angehörige der Wehrmacht richtete: »Aus all diesen gigantischen Kämpfen ragt nun gleich einem gewaltigen Monument der Kampf um Stalingrad heraus. Er wird der größte Heroenkampf in unserer Geschichte bleiben. Was dort jetzt unsere Grenadiere, Pioniere, Artilleristen, Flakartilleristen und wer sonst in dieser Stadt ist, vom General bis zum letzten Mann, leisten, ist einmalig. Mit ungebrochenem Mut, und doch zum Teil ermattet und erschöpft, kämpfen sie gegen eine gewaltige Übermacht um jeden Block, um jeden Stein, um jedes Loch, um jeden Graben. Wir kennen ein gewaltiges Heldenlied von einem Kampf ohnegleichen, es heißt ›Der Kampf der Nibelungen‹. Auch sie standen in einer Halle voll Feuer und Brand, löschten den Durst mit dem eigenen Blut, aber sie kämpften bis zum Letzten. Ein solcher Kampf tobt heute dort, und noch in tausend Jahren wird jeder Deutsche mit heiligem Schauer von diesem Kampf in Ehrfurcht sprechen und sich erinnern, daß dort trotz allem Deutschlands Sieg entschieden worden ist... Vergeßt nicht, daß zu den vornehmsten Grundtugenden des ganzen Soldatentums neben Kameradschaft und Pflichttreue vor allem die Opferbereitschaft gehört. Es hat immer kühne Männer gegeben, die sich geopfert haben, um etwas Größeres für die anderen zu erreichen« (Völkischer Beobachter vom 3. Februar 1943, S. 3).

Die Belegreihe steht exemplarisch für eine unübersehbare Fülle von Dokumenten nationalistisch ideologischer Vereinnahmung des ›Nibelungenliedes‹. Gemeinsam ist diesen Äußerungen, daß sie die jeweilige Gegenwart ohne Umstände auf das Idealbild einer Vergangenheit beziehen, für die das Werk steht. Solche Beziehung entpflichtet von der Analyse der gegenwärtigen Verhältnisse, indem sie den scheinbar gesicherten Sinn des heroischen Geschehens für die Gegenwart in Anspruch nimmt. Und sie vermag, ist sie einmal eingebürgert, zu überreden und zu überrumpeln kraft der Wirkungsmächtigkeit des Klischees, die kritische Rationalität gar nicht erst aufkommen läßt.

Daß gerade das ›Nibelungenlied‹ zu derartigem Mißbrauch herhalten mußte, hat viele Gründe. Hier soll nur einer zur Sprache kommen, der sich aus der Konstitution des Werks ergibt, wie wir sie zu durchleuchten suchten. Gemeint ist jene Doppelgesichtigkeit: auf der einen Seite die lockere, widersprüchliche, fehlerhafte Faktur des Erzählgefüges, die zu sinnunterstellender Deutung herausfordert und ihr fast jeden Raum gewährt; und auf der anderen Seite die Kraft, die von der Sprach- und Darstellungskunst des Dichters ausgeht und noch den nüchternsten und distanziertesten Leser in Bann zu schlagen vermag. Beides machten sich die Agitatoren zunutze, und beidem sind wohl die meisten von ihnen zugleich selbst erlegen.

Bleiben wir bei der »Nibelungentreue«. Gewiß zeichnen sich die Könige gegenüber ihrem Vasallen Hagen und zeichnet sich Hagen gegenüber seinen Herren durch »Treue« aus. Aber selbst wenn man davon absieht, daß der in mittelalterlichen Rechtsvorstellungen verwurzelte »Treue«-Begriff des Werks nur sehr bedingt etwas mit der gepriesenen nationalen Tugend zu tun hat, bleibt doch die Frage, wie die nationalistischen Interpreten mit dem ersten Teil fertig werden, in dem sich die Könige und Hagen als höchst »treulos« erweisen, fähig und bereit zu Verrat, Mord und jeder Niedertracht. Wir wissen, daß diese Widersprüchlichkeit stoffgeschichtlich bedingt ist (nicht anders als die befremdende Wendung, daß Hagen in der Schlußszene unversehens zum Verräter an seinem Herrn wird). Der Dichter hat nichts getan, um die Widersprüche abzugleichen (daß er, wie man gelegentlich lesen kann, »gemischte« Charaktere habe vorführen wollen, ist ganz unwahrscheinlich). Wie wir sahen, hat dies schon früh zu sinnunterstellend vereinheitlichender Deutung geführt: der ›Klage‹-Dichter und der *C-Bearbeiter haben das ganze Werk aus der Perspektive des ersten Teils interpretiert. Die »Treue«-Propagandisten taten dasselbe von der anderen Seite her: sie haben die Sicht des zweiten Teils verallgemeinert. Doch dürften die wenigsten von ihnen das gesamte Werk im Auge gehabt haben (wie etwa Vilmar). Die meisten werden – nicht zuletzt unter dem suggestiven Eindruck des Bildes der in der brennenden Halle kämpfenden Männer – den für ihre Agitation passenden Teil des epischen Geschehens schlicht isoliert und, alles übrige ausblendend, für das Ganze genommen haben.

Nur so erklärt sich auch der auf den ersten Blick irritierende Umstand, daß die gleichen Kreise ohne weiteres in der Lage waren, auch Siegfried – das Opfer der »Nibelungentreue« – als Identifikationsfigur zu akzeptieren, so im Zusammenhang mit der berüchtigten »Dolchstoßlegende«, die die deutsche Niederlage im Ersten Weltkrieg erklären sollte: »Wie Siegfried unter dem hinterlistigen Speerwurf des grimmen Hagen«, erklärte etwa der Generalfeldmarschall und spätere Reichspräsident Paul von Hindenburg in seinem ›Politischen Testament‹, »so stürzte unsere ermattete Front; vergebens hatte sie versucht, aus dem versiegenden Quell der heimatlichen Kraft neues Leben zu trinken« (Walther Hubatsch, Hindenburg und der Staat. Aus den Papieren des Generalfeldmarschalls und Reichspräsidenten von 1878 bis 1934, Göttingen 1966, S. 380). Hier wird ganz entsprechend – und wieder unterstützt durch ein suggestives Bild: das des sterbenden Siegfried mit dem Speer im Rücken – willkürlich ein Teil des Textes herausgebrochen und doch, unterschwellig, die Autorität des Werks schlechthin in Anspruch genommen, um die Richtigkeit der Aussage zu bewähren.

Auch dies ist eine Form von Sinnunterstellung. Daß sie, offensichtlich, überzeugen konnte, liegt, wie noch einmal betont sei,

nicht zuletzt am Text selbst: die Inkonsistenz des epischen Ge-
füges, die blockhaft isolierende Erzählweise, die bildmächtigen
Szenenarrangements waren ihr günstig. Genaue Einsicht in diese historisch bedingte Konstitution des Textes, die auch nicht
die Augen verschließt vor dem künstlerisch Fragwürdigen und
Mißlungenen, ist der beste Schutz vor der Überwältigung
durch die ideologischen Vereinfacher.

Zu den Zitaten aus
mittelalterlichen Texten

Das ›Nibelungenlied‹ wird nach Bartsch / de Boor, die * C-Bearbeitung nach Hennig, die ›Klage‹ nach Bartsch zitiert (vgl. S. 112 f.); um der besseren Verständlichkeit willen ist gelegentlich eine andere Interpunktion gewählt. Die Ausgaben der sonst noch zitierten mittelalterlichen Texte sind, direkt oder per Querverweis, an Ort und Stelle nachgewiesen.

Zur Aussprache der mittelhochdeutschen Texte sei angemerkt: *â ê î ô û* sind lang, *a e i o u ä ö ü* kurz zu sprechen; *ae oe iu* stehen für langes *ä ö ü*; *ie* bezeichnet nicht wie im Neuhochdeutschen langes *i*, sondern einen auf dem ersten Bestandteil betonten Diphthong (Zwielaut): *í–e*; *ou* und *ei* kann man wie neuhochdeutsch *au* und *ei* aussprechen; *c* (im Auslaut) steht für *k*; *h* bezeichnet – im Prinzip gemäß der Verteilung in den entsprechenden neuhochdeutschen Wörtern – teils den Hauchlaut wie im Neuhochdeutschen (*hûs* »Haus«), teils den Reibelaut *ch* (*naht* »Nacht«); ebenso bezeichnet *z* teils den *ts*-Laut wie im Neuhochdeutschen (*zal* »Zahl«), teils den stimmlosen *s*-Laut (*daz* »das« bzw. »daß«); *sc* steht für *sch*. Als Einführung in die mittelhochdeutsche Grammatik sei empfohlen: Kurt Gärtner / Hans-Hugo Steinhoff, Minimalgrammatik zur Arbeit mit mittelhochdeutschen Texten. Übersicht über die wichtigsten Abweichungen vom Neuhochdeutschen (Göppinger Arbeiten zur Germanistik. 183), 3. Aufl., Göppingen 1979.

Für die Aussprache der Zitate aus der ›Thidrekssaga‹ ist vor allem zu beachten, daß *þ* und *ð* dem englischen *th*-Laut entsprechen (ebenso das *Th-* in der üblichen Umschrift des Werktitels).

ZUM UMSCHLAGBILD

Das Bild auf dem Umschlag des vorliegenden Bändchens zeigt die Eingangsinitiale des ›Nibelungenlied‹-Textes der Handschrift B (Ms. 857 der Stiftsbibliothek St. Gallen, S. 291 – vgl. o. S. 53). Die Gestalt, die der Maler in den Buchstaben *E* plaziert hat, soll wahrscheinlich den Dichter darstellen, der anhebt, sein Werk vorzutragen.

Daß die Haltung, in der die Gestalt gezeigt wird, die des Redeanfangs ist, hat Anneliese Waldschmidt nachgewiesen (Gebärdensprache. Stiluntersuchungen an Hebbels ›Nibelungen‹ und am Nibelungenlied, Magister-Arbeit Marburg 1986, S. 131). Die Gestalt hält die linke Hand so, wie es in der antiken Rhetorik (die in der gelehrten Tradition des Mittelalters fortgewirkt hat) dem Redner zur Eröffnung der Rede empfohlen wird: *Est autem gestus ille maxime communis, quo medius digitus in pollicem contrahitur explicitis tribus, et principiis utilis...* (»Die allgemeinste Gebärde aber, den Mittelfinger mit dem Daumen zusammenzuschließen, während die 3 anderen Finger entfaltet bleiben, erweist sich sowohl für den Redeanfang als brauchbar...« – Marcus Fabius Quintilianus: Institutionis oratoriae libri XII / Ausbildung des Redners. Zwölf Bücher, hg. und übers. von Helmut Rahn, Teil 2, Darmstadt 1975, S. 642/643).

Daß mit der Gestalt der Dichter gemeint ist, kann man aus Initialen desselben Typs schließen, bei denen es sich mit Sicherheit um Autor-Bilder handelt. Von besonderem Interesse ist dabei eine Gruppe von Sammelhandschriften provenzalischer Trobador-Lyrik, die im 13. Jahrhundert in Oberitalien entstanden sind (vgl.

D'Arco Silvio Avalle, La letteratura medievale in lingua d'oc nella sua tradizione manoscritta, Turin 1961; ders., Überlieferungsgeschichte der altprovenzalischen Literatur, in: Geschichte der Textüberlieferung der antiken und mittelalterlichen Literatur, Bd. 2, Zürich 1964, S. 261–318; weitere Literatur und ausgezeichnete farbige Abbildungen bei: Angelica Rieger, »Ins e.l cor port, dona, vostra faisso«. Image et imaginaire de la femme à travers l'enluminure dans les chansonniers de troubadours, in: Cahiers de civilisation médiévale 28, 1985, S. 385–415). Zwischen den Autor-Initialen dieser Handschriften und unserer Initiale besteht möglicherweise mehr als nur ein typologischer Zusammenhang: es gilt heute als sicher, daß der Buchschmuck der St. Galler Handschrift aus dem Umkreis einer venetianischen Malschule stammt (vgl. Nigel F. Palmer, Der Codex Sangallensis 857: Zu den Fragen des Buchschmucks und der Datierung, in: Wolfram-Studien 12, 1992, S. 15–31).

Literaturhinweise

Die Forschungsliteratur zum ›Nibelungenlied‹ ist derart umfangreich und verzweigt, daß auch der Fachmann Mühe hat, sich zu orientieren. Unentbehrliches Hilfsmittel ist das Studienbuch von Werner Hoffmann, Das Nibelungenlied (Sammlung Metzler. 7), 6. Aufl., Stuttgart 1992: es bietet knappe, forschungsorientierte Abrisse der verschiedenen Themenbereiche mit umfangreichen Literaturangaben. – Daneben gibt es eine ganze Reihe von Einführungen, die von sehr unterschiedlicher Qualität sind. Ein besonderes Profil hat die aus nordistischer Sicht geschriebene von Theodore M. Andersson, A Preface to the Nibelungenlied, Stanford 1987 (vgl. die Rezension von Joachim Heinzle in: ZfdPh 109, 1990, S. 120–123). – Zur ersten Orientierung kann der Lexikonartikel von Michael Curschmann dienen: ›Nibelungenlied‹ und ›Klage‹, in: Die deutsche Literatur des Mittelalters, Verfasserlexikon, 2. Aufl., hg. von Kurt Ruh u. a., Bd. 6, Berlin/New York 1987, Sp. 926–969. – Einen detaillierten Eindruck von der Entwicklung der neueren Forschung vermitteln einige Sammelbände: Zur germanisch-deutschen Heldensage, hg. von Karl Hauck (Wege der Forschung. 14), Darmstadt 1961, Neudruck 1965; Colloquio Italo-Germanico sul Tema: I Nibelunghi (Accademia Nazionale dei Lincei. Atti dei Convegni Lincei. 1), Rom 1974; Nibelungenlied und Kudrun, hg. von Heinz Rupp (Wege der Forschung. 54), Darmstadt 1976; Hohenemser Studien zum Nibelungenlied = Montfort. Vierteljahresschrift für Geschichte und Gegenwart Vorarlbergs 32/3.4, 1980; Nibelungenlied und Klage. Sage und Geschichte, Struktur und Gattung. Passauer Nibelungengespräche 1985, hg. von Fritz Peter Knapp, Heidelberg 1987; Pöchlarner Heldenliedgespräch. Das Nibelungenlied und der mittlere Donauraum, hg. von Klaus Zatloukal (Philologica Germanica. 12), Wien 1990.

Als maßgebliche Ausgabe des ›Nibelungenliedes‹ gilt: Das Nibelungenlied, nach der Ausgabe von Karl Bartsch hg. von Helmut de Boor (Deutsche Klassiker des Mittelalters), 22. Aufl., Wiesbaden 1988. Die Ausgabe bietet neben dem Text (*B) nützliche, in erster Linie für den Anfänger bestimmte Wort- und Sacherklärungen und eine ausführliche Einleitung mit Bibliographie, aber keine Lesarten. Das einst vorbildliche Werk ist inzwischen leider in jeder Hinsicht veraltet und bedürfte dringend einer Revision von Grund auf. Für den *C-Text steht hingegen eine moderne Ausgabe zur Verfügung: Das Nibelungenlied nach der Handschrift C, hg. von Ursula Hennig (Altdeutsche Textbibliothek. 83), Tübingen 1977. Die ›Klage‹ liest man am bequemsten in der Ausgabe von Karl Bartsch: Diu Klage. Mit den Lesarten sämtlicher Handschriften, Leipzig 1875, Neudruck Darmstadt 1964. – Die beste Übersetzung ins Neuhochdeutsche ist die von Helmut Brackert: Das Nibelungenlied. Mittelhochdeutscher Text und Übertragung, 2 Bände (Fischer Bücherei. Bücher des Wissens. 6038. 6039), Frankfurt 1970. 71 (seither laufend Neudrucke). Ausgezeichnet ist die Übersetzung ins Englische von Arthur Thomas Hatto: The Nibelungenlied (Penguin Classics), revidierte Ausgabe, Harmondsworth (England) 1969 (seither laufend Neudrucke). – Wer sich für die Varianten der Überlieferung interessiert, findet sie umfassend dokumentiert bei Michael S. Batts, Das Nibelungenlied. Paralleldruck der Handschriften A, B und C nebst Lesarten der übrigen Handschriften, Tübingen 1971. Zur Kontrolle der Angaben bei Batts stehen neben Bildproben in dem Werk selbst spezielle Abbildungswerke zur Verfügung, vor allem: Das Nibelungenlied. Abbildungen, Transkriptionen und Materialien zur gesamten handschriftlichen Überlieferung der I. und der XXX. Aventiure, hg. von Otfrid Ehrismann (Litterae. 23), Göppingen 1973 (Schwarzweiß-Abbildungen mit Transkription); Das Nibelungenlied und die Klage. Handschrift B (Cod. Sangall. 857) (Deutsche Texte in Handschriften. 1), Köln/Graz 1962 (Schwarzweiß-Abbildung, leider bis an die Grenze der Lesbarkeit verkleinert); Das Nibelungenlied und die Klage. Handschrift C der F. F. Hofbibliothek Donaueschingen, Faksimileband und Kommentarband, Stuttgart 1968 (Vollfaksimile von hervorragender Qualität); Der Nibelunge Liet und Diu Klage. Die Donaueschinger Handschrift 63, hg. von Werner Schröder (Deutsche Texte in Handschriften. 3), Köln/Wien 1969 (gute Schwarzweiß-Abbildung von C).

Eine ausgezeichnete Einführung in die Probleme der Erforschung der germanischen Heldensage und zugleich einen Überblick über die wichtigsten Stoffe bietet Klaus von See, Germanische Heldensage. Stoffe, Probleme, Methoden, 2. Aufl., Wiesbaden 1981. In Auseinandersetzung mit der Theorie Andreas Heuslers hat Walter Haug das heute maßgebliche Verständnismodell für Entstehung und Entwicklung der Heldensage entworfen: Andreas Heuslers Heldensagenmodell: Prämissen, Kritik und Gegenentwurf, in: ZfdA 104, 1975, S. 273–292, wieder in: W. H., Strukturen als Schlüssel zur Welt, Tübingen 1989, S. 277–292. – Eine material- und perspektivenreiche Darstellung der Heldensagentradition in Deutschland bis an die Schwelle des hohen Mittelalters findet man bei Wolfgang Haubrichs, Die Anfänge (Geschichte der deutschen Literatur von den Anfängen bis zum Beginn der Neuzeit, hg. von Joachim Heinzle. 1/1), Frankfurt 1988. Wichtig in unserem Zusammenhang sind vor allem Haubrichs' Ausführungen zur Funktion der Heldensage. – Was speziell die historischen Grundlagen und die historische Verbindlichkeit der Nibelungensage betrifft, so sind die wichtigsten Zeugnisse zusammengestellt bei Otto Gschwantler, Die historische Glaubwürdigkeit der Nibelungensage, in: AVL S. 55–69. – Die Problematik von Otto Höflers Mythos-Theorie ist zuletzt umsichtig (und fair) von Heinrich Beck erörtert worden: Zu Otto Höflers Siegfried-Arminius-Untersuchungen, in: PBB 107, 1985, S. 92–107. – Albert B. Lords klassische Darstellung der »oral poetry«-Theorie, die die herrschenden Vorstellungen von mündlicher Überlieferung geprägt hat (The Singer of Tales, Cambridge/Mass. 1960), ist auch in einer deutschen Fassung zugänglich: Der Sänger erzählt (Literatur als Kunst), München 1965. Die grundsätzliche Problematik der Anwendung der Theorie auf schriftlich überlieferte mittelalterliche Texte ist erläutert bei Joachim Heinzle, Mittelhochdeutsche Dietrichepik (Münchener Texte und Untersuchungen zur deutschen Literatur des Mittelalters. 62), Zürich/München 1978, S. 67 ff. Wichtig für die Beurteilung der Verhältnisse im besonderen Falle des ›Nibelungenliedes‹ sind die Überlegungen von Hans Fromm, Der oder die Dichter des Nibelungenliedes?, in: Atti S. 63–74. Zu vergleichen ist dazu der unten zitierte Aufsatz von Michael Curschmann (Nibelungenlied und Nibelungenklage). – Die Einsicht, daß und wie Dichtung und speziell Heldensage als »Hausüberlieferung« gelebt hat, ist vor allem Karl Hauck zu verdanken; grundlegend ist sein Aufsatz: Haus- und sippengebundene Literatur mittelalterlicher Adelsgeschlechter von Adelssatiren des 11. und 12. Jahrhunderts her erläutert, in: Mitteilungen des Instituts für Österreichische Geschichtsforschung 62, 1954, S. 121–145, Neufassung in: Geschichtsdenken und Geschichtsbild im Mittelalter, hg. von Walther Lammers (Wege der Forschung. 21), Darmstadt 1961, Neudruck 1984, S. 165–199. Die Auswertung der urkundlichen Überlieferung von Personennamen für die Erklärung der Nibelungensage als »Hausüberlieferung« ist in letzter Zeit von Wilhelm Störmer vorangetrieben worden: Nibelungentradition als Hausüberlieferung in frühmittelalterlichen Adelsfamilien? Beobachtungen zu Nibelungennamen im 8./9. Jahrhundert vornehmlich in Bayern, in: PNg S. 1–20. Die Problematik der Methode hat – im Ansatz überzeugend, in den Folgerungen übers Ziel hinausschießend – Klaus Graf herausgestellt: Literatur als adelige Hausüberlieferung? [mit Diskussionsbericht], in: Literarische Interessenbildung im Mittelalter. DFG-Symposion 1991, hg. von Joachim Heinzle, Stuttgart 1993, S. 126–144, 257. – Andreas Heuslers klassische Abhandlung über die Entwicklung der Nibelungensage: Nibelungensage und Nibelungenlied, Dortmund 1920, liegt mittlerweile in 6. Auflage, Dortmund 1965, vor. Wie Heuslers Hypothesengebäude aus heutiger Sicht revidiert werden könnte, hat Walter Haug gezeigt: Normatives Modell oder hermeneutisches Experiment: Überlegungen zu einer grundsätzlichen Revision des Heuslerschen Nibelungen-Modells, in: HSt S. 212/38–226/52, wieder in: W. H., Strukturen als Schlüssel zur Welt, Tübingen 1989, S. 308–325. Die Möglichkeiten und Grenzen der – für die Einsicht in die unmittelbare Vorgeschichte des ›Nibelungenliedes‹ besonders wichtigen – Rekonstruktion der ›Älteren Not‹ durch Vergleich des ›Nibelungenliedes‹ und der ›Thidrekssaga‹ hat Gerhart Lohse in einem methodisch mustergültigen

Aufsatz ausgelotet: Die Beziehungen zwischen der Thidrekssaga und den Handschriften des Nibelungenliedes, in: PBB (Tübingen) 81, 1959, S. 295–347. Aufschlußreich ist in diesem Zusammenhang auch der von Wolfgang Mohr geführte Nachweis, daß im ›Nibelungenlied‹ wahrscheinlich zwei Traditionen der Erzählung vom Beginn der Kämpfe am Etzelhof kombiniert sind: Spiegelung von Heldendichtung in mittelalterlichen Epen, in: PBB (Tübingen) 88, 1967, S. 241–248 (hier 241–245). Von Bedeutung für die Rekonstruktion der Sagenentwicklung sind in der nordischen Überlieferung neben Texten auch bildliche Darstellungen. Einen Zugang dazu eröffnet Klaus Düwel, Zur Ikonographie und Ikonologie der Sigurddarstellungen, in: Zum Problem der Deutung frühmittelalterlicher Bildinhalte, hg. von Helmuth Roth (Veröffentlichungen des Vorgeschichtlichen Seminars der Philipps-Universität Marburg a. d. Lahn. Sonderband 4), Sigmaringen 1986, S. 221–271 (S. 244 f. zur Kombination von Siegfrieds Horterwerb und Gunnars Tod). – Die versgeschichtliche Beurteilung der Nibelungen-Strophe ist von Horst Brunner auf eine neue Grundlage gestellt worden: Strukturprobleme der Epenmelodien, in: Deutsche Heldenepik in Tirol, hg. von Egon Kühebacher (Schriftenreihe des Südtiroler Kulturinstitutes. 7), Bozen 1979, S. 300–328. Die Konsequenzen, die sich daraus für die Rekonstruktion der Vorgeschichte des ›Nibelungenliedes‹ ergeben, hat Burghart Wachinger in einem unten zitierten Aufsatz (Die Klage und das Nibelungenlied) angedeutet. Die Versuche, die Melodie zu rekonstruieren, sind zusammengestellt und kritisch kommentiert bei Ulrich Müller, Überlegungen und Versuche zur Melodie des Nibelungenliedes, zur Kürenberger-Strophe und zur sogenannten »Elegie« Walthers von der Vogelweide, in: Zur gesellschaftlichen Funktionalität mittelalterlicher deutscher Literatur (Wissenschaftliche Beiträge der Ernst-Moritz-Universität Greifswald. Deutsche Literatur des Mittelalters. 1), Greifswald 1984, S. 27–42. Mit Vorsicht zu genießen sind Aufführungsveruche, wie sie auch auf Schallplatten verbreitet werden: da eine verläßliche Basis für die Rekonstruktion von Melodie und Aufführungsstil fehlt, bleiben sie ganz unverbindlich und sind eher geeignet, das historische Verständnis des Werks zu behindern, als es zu fördern (dagegen hat sich Ulrich Müller vehement für derlei Experimente eingesetzt: Das Nibelungenlied. Ein Sangvers-Epos, in: AGSN S. 249–265).

Die Passauer Verbindungen sind aus lokalhistorischer (und lokalpatriotischer) Sicht zusammengestellt und eingehend kommentiert bei Max Heuwieser, Passau und das Nibelungenlied, in: Zeitschrift für bayerische Landesgeschichte 14, 1943/44, S. 5–62. Ein eindrucksvolles Porträt Bischof Wolfgers bei Werner Goez gezeichnet: Gestalten des Hochmittelalters, Darmstadt 1983, S. 293–314. Die Frage der Haustradition Bischof Pilgrims hat Uwe Meves im Zusammenhang mit dem Institut des adligen Mäzenatentums erörtert: Zur Rolle der Sieghardinger für die Adelsliteratur im Südosten des Reiches (10.–13. Jh.), auf der Grundlage personen- und besitzgeschichtlicher Überlegungen, in: Adelsherrschaft und Literatur, hg. von Horst Wen-

zel (Beiträge zur älteren deutschen Literaturgeschichte. 6), Bern/Frankfurt/
Las Vegas 1980, S. 115–180; sie wurde zuletzt in der oben zitierten Studie
von Wilhelm Störmer (Nibelungentradition als Hausüberlieferung) behandelt. Die Gönner- und Lokalisierungsfrage spielt eine wichtige Rolle auch im
Zusammenhang der mehrfach unternommenen Bemühungen, die sozial-
historische Bedeutung des ›Nibelungenliedes‹ zu ermitteln. Vorläufig abschließend dazu: Fritz Peter Knapp, Nibelungentreue wider Babenberg? Das
Heldenepos und die verfassungsgeschichtliche Entwicklung Österreichs im
Lichte der neuesten Forschung, in: PBB 107, 1985, S. 174–189. – Den Grund
für die Anonymität des Dichters hat Otto Höfler in einem bedeuten-
den Aufsatz aufgedeckt: Die Anonymität des Nibelungenliedes, in: Deutsche
Vierteljahrsschrift für Literaturwissenschaft und Geistesgeschichte 29, 1955,
S. 167–213, ergänzte Fassung in: GDH S. 330–392. Verständlicherweise hat
es die Forschung immer wieder gereizt, den Schleier der Anonymität zu lüften
und den Dichter mit einer historisch bezeugten Persönlichkeit bzw. einem der
namentlich bekannten Autoren der Zeit zu identifizieren. Keiner dieser Versuche ist diskutabel; die meisten haben bloßen Kuriositätswert – so auch der
jüngste: Peter Honegger, Bligger von Steinach als Verfasser und Rudolf von
Montfort als Bearbeiter des Nibelungenliedes, in: AGSN S. 9–54. – Die für
die neuere Forschung grundlegende Beurteilung der Überlieferung durch
Helmut Brackert, Beiträge zur Handschriftenkritik des Nibelungenliedes
(Quellen und Forschungen zur Sprach- und Kulturgeschichte der germanischen Völker N. F. 11), Berlin 1963, ist in einer Rezension von Joachim
Bumke maßgeblich umformuliert worden: Euphorion 58, 1964, S. 428–438.
Zu neuen Einsichten in die Überlieferung gelangt man bis heute nicht nur
durch wiederholte Analyse des bekannten Bestandes an Textzeugen, sondern
auch durch Neufunde. Die wichtigste Entdeckung der letzten Jahre ist die
Handschrift n, die eine hochinteressante spätmittelalterliche Bearbeitung bietet: Jürgen Vorderstemann, Eine unbekannte Handschrift des Nibelungenliedes in der Hessischen Landes- und Hochschulbibliothek Darmstadt, in:
ZfdA 105, 1976, S. 115–122; Teilabbildung: Die 30. Aventiure des Nibelungenliedes in der Darmstädter Handschrift n (Hs. 4257), hg. von Jürgen Vorderstemann, in: Litterae ignotae, hg. von Ulrich Müller (Litterae. 50), Göppingen 1977, S. 11–19; vgl. Kurt Hans Staub und Thomas Sänger, Deutsche
und niederländische Handschriften (Die Handschriften der Hessischen Lan-
des- und Hochschulbibliothek Darmstadt. 6), Wiesbaden 1991, S. 161f. Der
jüngste Fund betrifft weitere Stücke des Fragmentenkomplexes L: Joachim
Heinzle und Kurt Hans Staub, Neue Bruchstücke der Nibelungen-Hand-
schrift L, in: PBB 115, 1993, S. 66–85. – Die Bearbeitung *C hat u. a.
Werner Hoffmann ausführlich beschrieben: Die Fassung *C des Nibelungenliedes und die Klage, in: Festschrift Gottfried Weber zu seinem 70. Geburtstag, hg. von Heinz Otto Burger und Klaus von See (Frankfurter Beiträge zur
Germanistik. 1), Bad Homburg v. d. H. /Berlin/Zürich 1967, S. 109–143.

Wegweisend für das Verständnis der Problematik der Textkonstituierung ist eine Abhandlung von Friedrich Neumann gewesen: Das Nibelungenlied in seiner Zeit (Kleine Vandenhoeck-Reihe. 253 S), Göttingen 1967, S. 60–203. – Die Überlegungen zur Hortforderung und zur ersten Strophe sind ausführlich entwickelt und im einzelnen belegt bei: Joachim Heinzle, Gnade für Hagen? Die epische Struktur des Nibelungenliedes und das Dilemma der Interpreten, in: PNg S. 257–276. – Daß hinter der Darstellung der Betrugshandlung (und darüber hinaus der Ermordung Siegfrieds) zwei konkurrierende Überlieferungen stehen, hat Joachim Bumke gezeigt: Die Quellen der Brünhildfabel im Nibelungenlied, in: Euphorion 54, 1960, S. 1–38. Der Aufsatz kann zugleich einen Eindruck davon vermitteln, wie die Forschung jener Jahre sich bemüht hat, aus dem Schatten Heuslers herauszutreten. Wie schwierig (und daher strittig) die sagengeschichtliche Deutung der Befunde im einzelnen ist, zeigt schön die kritische Analyse von Theodore M. Andersson, The Legend of Brynhild (Islandica. 43), Ithaca / London 1980, S. 216 ff. Daß man über der Feststellung der Motivationsdefizite die Motivationsleistung der Unterordnungsfiktion – ihre zentrale Rolle für die weitere Entwicklung des Geschehens – nicht übersehen darf, hat Lynn D. Thelen eindringlich herausgearbeitet: The vassalage deception, or Siegfried's folly, in: Journal of English and Germanic Philology 87, 1988, S. 471–491.

Formelsprache und Erzählduktus des ›Nibelungenliedes‹ sind oft beschrieben worden. Ein breit angelegtes Inventar der einschlägigen Kunstmittel bietet Friedrich Panzer, Das Nibelungenlied. Entstehung und Gehalt, Stuttgart 1955, S. 114 ff. Grundlegend für das Verständnis der künstlerischen Funktion der Vorausdeutungsformeln und der Aventiurengliederung ist die Dissertation von Burghart Wachinger, Studien zum Nibelungenlied. Vorausdeutungen, Aufbau, Motivierung, Tübingen 1960. Das »Nibelungische« hat Michael Curschmann in Auseinandersetzung mit der »oral poetry«-Forschung zu beschreiben versucht: Nibelungenlied und Nibelungenklage. Über Mündlichkeit und Schriftlichkeit im Prozeß der Episierung, in: Deutsche Literatur im Mittelalter. Kontakte und Perspektiven, hg. von Christoph Cormeau, Stuttgart 1979, S. 85–119. Zur Diskussion von Curschmanns Ansatz ist zu vergleichen: Burghart Wachinger, Die Klage und das Nibelungenlied, in: HSt S. 264 / 90–275 / 101. – Die Bedeutung der Schaubildtechnik hat Joachim Bumke in dem oben zitierten Aufsatz (Quellen der Brünhildfabel) herausgestellt. Neuerdings hat Horst Wenzel versucht, sie entwicklungsgeschichtlich als Phänomen des Übergangs zwischen Mündlichkeit und Schriftlichkeit zu erklären: Zur visuellen Imagination im Nibelungenlied, in: ZfdPh 111, 1992, S. 321–343. – Die Rolle, die das Pathos der Innerlichkeit bei der Literarisierung des Nibelungenstoffes gespielt hat, ist von Alois Wolf erkannt worden: Die Verschriftlichung der Nibelungensage und die französisch-deutschen Literaturbeziehungen im Mittelalter, in: HSt S. 227 / 53–245 / 71; Die Verschriftlichung von europäischen Heldensagen als mittelalterliches Kulturproblem, in: Heldensagen und Heldendichtung im Germanischen, hg. von Heinrich Beck (Ergänzungsbände zum Reallexikon der germanischen Altertumskunde. 2), Berlin 1988, S. 305–328; Nibelungenlied – Chanson de geste – höfischer Roman. Zur Problematik der Verschriftlichung der deutschen Nibelungensagen, in: PNg S. 171–201. Wolfs Ansatz, dem die Forschung mit den wichtigsten Erkenntniszuwachs der letzten Jahre verdankt, wird noch ausführlich zu diskutieren sein (wobei vor allem zu klären ist, ob es angeht, in dem von Wolf postulierten Umfang mit Einfluß der Chanson de geste-Tradition auf die Nibelungensage bzw. das ›Nibelungenlied‹ zu rechnen). Das von Wolf entwickelte Verständnis der Hagen-Gestalt ist u. a. vorbereitet worden in der klassischen Analyse der XXXVII. Aventiure durch Peter Wapnewski, Rüdigers Schild, in: Euphorion 54, 1960, S. 380–410, wieder in: NuK S. 134–178. Aufschlußreich in diesem Zusammenhang sind auch neuere Untersuchungen von Ute Schwab, die zeigen, wie der Dichter sich zur Zeichnung der Personen einer kunstvoll-raffinierten Metaphorik bediente, zuletzt: Tötende Töne. Zur Fiedelmetaphorik im Nibelungenlied, in: Geist und Zeit. Wirkungen des Mittelalters in Literatur und Sprache. Festschrift Roswitha Wisniewski zu ihrem 65. Geburtstag, Frankfurt/Bern/New York/Paris 1991, S. 77–122.

Eine kritische Musterung der neueren Diskussion über die Datierung der ›Klage‹ und ihr Verhältnis zum ›Nibelungenlied‹ bietet Werner Schröder, Wolfram von Eschenbach, das Nibelungenlied und Die Klage (Akademie der Wissenschaften und der Literatur [Mainz]. Abhandlungen der geistes- und sozialwissenschaftlichen Klasse. 1989/5), Stuttgart 1989. Schröder ist der Ansicht, die *C-Bearbeitung des ›Nibelungenliedes‹ hänge von der ›Klage‹ ab, die er sich erst um 1220 entstanden denkt. Vgl. dazu sowie zu allen Fragen der Entstehung und Überlieferung der ›Klage‹ künftig eine in Vorbereitung befindliche Monographie von Joachim Bumke. Die – in der Forschung vorübergehend heftig umkämpfte – Gattungsfrage und die mutmaßliche Funktion der ›Klage‹, das ›Nibelungenlied‹ als Literaturwerk akzeptabel zu machen, hat Fritz Peter Knapp erhellt: *Tragoedia* und *Planctus*. Der Eintritt des Nibelungenliedes in die Welt der *litterati*, in: PNg S. 152–170. Als Folie für das Verständnis des *AB-Textes sind ›Klage‹ und *C-Bearbeitung methodisch vorbildlich von Hans Kuhn herangezogen worden: Der Teufel im Niblungenlied, in: ZfdA 94, 1965, S. 280–306, wieder in: H. K., Kleine Schriften, Bd. 2, hg. von Dietrich Hofmann, Berlin 1971, S. 158–182, und in: NuK S. 333–366. – Das Phänomen der Sinnunterstellung ist – unter Einbeziehung eines weiteren Beispiels für »harmonisierende« Interpretation der Hortforderungsszene – ausführlich beschrieben und erzähltheoretisch erläutert in dem oben zitierten Aufsatz von Joachim Heinzle (Gnade für Hagen?). – Was die Deutung des Nibelungenliedes betrifft, so ist die Forschung mehr denn je von einem Konsens entfernt: die Interpretationen werden in aller Regel nur von ihren Urhebern selbst akzeptiert. Solange die spezifischen historischen Bedingungen der Konstitution des Textes nicht angemessen bedacht werden, ist an eine Überwindung dieses Zustands nicht zu denken.

Möglich scheint heute immerhin eine Verständigung darüber, daß die Frage nach Handlungsmotivationen im Sinne moderner Psychologie, die ein Großteil der Interpretationen bestimmt, unangemessen ist: vgl. Jan Dirk Müller, Motivationsstrukturen und personale Identität im Nibelungenlied. Zur Gattungsdiskussion um ›Epos‹ oder ›Roman‹, in: PNg S. 221–256. Wie man mit dieser Einsicht interpretierend umgehen kann, zeigt exemplarisch ein Aufsatz von Walter Haug: Montage und Individualität im Nibelungenlied, in: PNg S. 277–293, wieder in: W. H., Strukturen als Schlüssel zur Welt, Tübingen 1989, S. 326–338. – Eine instruktive (in der Wiedergabe der Texte nicht immer zuverlässige) Zitatensammlung zur Rezeptionsgeschichte des ›Nibelungenliedes‹ hat Werner Wunderlich zusammengestellt: Der Schatz des Drachentödters. Materialien zur Wirkungsgeschichte des Nibelungenliedes (Literaturwissenschaft – Gesellschaftswissenschaft. 30), Stuttgart 1977. Weitere Zeugnisse sind (mühsam) über »Regesten« zu erschließen, die Otfrid Ehrismann kompiliert hat: Nibelungenlied 1755–1920: Regesten und Kommentare zu Forschung und Rezeption (Beiträge zur deutschen Philologie. 62), Gießen 1986. Eine Fülle von Bildzeugnissen ist dokumentiert in dem Ausstellungskatalog: Die Nibelungen. Bilder von Liebe, Verrat und Untergang, hg. von Wolfgang Storch, München 1987 (hervorragendes Material miserabel präsentiert: vgl. Werner Wunderlich, Die Nibelungen-Ausstellung 1989/90 im Münchener Haus der Kunst, in: AGSN S. 289–292). Grundlegend für die Beurteilung des Materials bleibt die Skizze von Helmut Brackert: Nibelungenlied und Nationalgedanke. Zur Geschichte einer deutschen Ideologie, in: Mediaevalia litteraria. Festschrift für Helmut de Boor zum 80. Geburtstag, hg. von Ursula Hennig und Herbert Kolb, München 1971, S. 343–364. Über den Stand der Forschung informieren die Beiträge des Sammelbandes: Die Nibelungen. Ein deutscher Wahn, ein deutscher Alptraum, hg. von Joachim Heinzle und Anneliese Waldschmidt (suhrkamp taschenbuch. 2110), Frankfurt 1991 (mit umfangreicher Bibliographie).

REGISTER

Das Register erfaßt eine Auswahl wichtiger Namen, Werktitel und Sachfragen. Es ist darauf angelegt, dem Benutzer zu helfen, der das Bändchen gelesen hat und etwas nachschlagen will.

DEUTSCHE LITERATUR DES MITTELALTERS

in zweisprachigen Studienausgaben

Fischer Taschenbuch Verlag

fi 625 / 2

Literaturwissenschaft

Reinhard Baumgart
Selbstvergessenheit
Drei Wege zum Werk:
Thomas Mann, Franz Kafka,
Bertolt Brecht
Band 11470

Hartmut Böhme /
Nikolaus Tiling (Hg.)
Leben, um eine Form
der Darstellung zu finden
Studien zum Werk Hubert Fichtes
Band 10831

Carl Buchner /
Eckhardt Köhn (Hg.)
Herausfordeung der Moderne
Annäherung an Paul Valéry
Band 6882

Hermann Burger
Paul Celan
Auf der Suche nach der
verlorenen Sprache
Band 6884

Michel Butor
Die Alchemie und ihre Sprache
Essays zur Kunst und
Literatur. Band 10242

Ungewöhnliche Geschichte
Versuch über einen Traum
von Baudelaire. Band 10959

Mathieu Carrière
für eine Literatur
des Krieges, Kleist
Band 10159

Victor Erlich
Russischer Formalismus
Band 6874

Gunter E. Grimm (Hg.)
Metamorphosen des Dichters
Das Rollenverständnis
deutscher Schriftsteller
vom Barock bis zur Gegenwart
Band 10722

Gerhard Härle (Hg.)
»Heimsuchun und süßes Gift«
Erotik und Poetik bei
Thomas Mann. Band 11243

Käte Hamburger
Thomas Manns biblisches Werk
Band 6492

Gustav René Hocke
Europäische Tagebücher
aus vier Jahrhunderten
Motive und Anthologie
Band 10883

Christoph König /
Eberhard Lämmert (Hg.)
Literaturwissenschaft
und Geistesgeschichte 1910 bis 1925
Band 11471

Fischer Taschenbuch Verlag

Literaturwissenschaft

Ralf Konersmann
Lebendige Spiegel
Die Metapher des Subjekts
Band 10726

Jan Kott
Shakespeare heute
Band 10390

Leo Kreutzer
Literatur und Entwicklung
Studien zu einer Literatur
der Ungleichzeitigkeit
Band 6899

Milan Kundera
Die Kunst des Romans
Essay. Band 6897

Paul Michael Lützeler (Hg.)
Spätmoderne und Postmoderne
Beiträge zur deutschsprachigen
Gegenwartsliteratur
Band 10957

Walter Müller-Seidel
Die Deportation des Menschen
Kafkas Erzählung
»In der Strafkolonie«
im europäischen Kontext
Band 6885

Marthe Robert
Das Alte im Neuen
Von Don Quichotte zu Franz Kafka
Band 7346
Einsam wie Franz Kafka
Band 6878

Leo Spitzer
Texterklärungen
Aufsätze zur europäischen Literatur
Band 10082

Tzvetan Todorov
Einführung in die
fantastische Literatur
Band 10958

Joachim Unseld
Franz Kafka
Ein Schriftstellerleben
Band 6493

Achim Würker
Das Verhängnis der Wünsche
Unbewußte Lebensentwürfe
in Erzählungen E.T.A. Hoffmanns
Band 11244

Fischer Taschenbuch Verlag

Fischer Wissenschaft

Eine Auswahl

Erich Auerbach
Philologie der Weltliteratur
Sechs Versuche über Stil und
Wirklichkeitswahrnehmung
Band 11474

Michail M. Bachtin
Formen der Zeit im Roman
Untersuchungen zur
historischen Poetik
Band 7418
Literatur und Karneval
Zur Romantheorie
und Lachkultur
Band 7434

Pierre Bourdieu
Satz und Gegensatz
Über die Verantwortung
des Intellektuellen
Band 11007

Ernst Cassirer
Der Mythus des Staates
Band 7351

Enrico Castelnuovo
Das künstlerische Portrait
Das Bildnis und seine
Geschichte in Italien
von 1300 bis heute
Band 11005

Ernst Robert Curtius
Balzac
Band 7358
**Kritische Essays zur
europäischen Literatur**
Band 7350

Mary Douglas
**Ritual, Tabu und
Körpersymbolik**
Sozialanthropologische Studien
in Industriegesellschaft und
Stammeskultur. Band 7365

Vilém Flusser
Die Schrift
Hat Schreiben Zukunft?
Band 10906

Clifford Geertz
Die künstlichen Wilden
Der Anthropologe als
Schriftsteller. Band 11279

Friedrich Gundolf
**Anfänge deutscher
Geschichtsschreibung von
Tschudi bis Winckelmann**
Band 11241

Herbert Heckmann/
Gerhard Dette (Hg.)
Erfahrung und Fiktion
Arbeitswelt in der deutschen
Literatur der Gegenwart
Band 11714

Fischer Taschenbuch Verlag